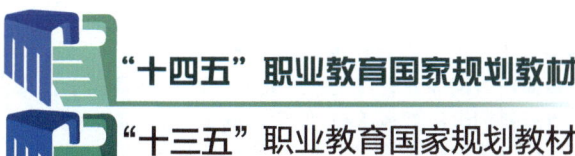

"十四五"职业教育国家规划教材

"十三五"职业教育国家规划教材

"十三五"职业教育新能源汽车专业"互联网+"创新教材

走进新能源汽车工作页

主　编　景平利　罗雪虎　高　磊

副主编　郑　李　宫英伟

参　编　陈荣梅　薛　菲　梁金娥　于海涛

主　审　郝子明

机械工业出版社

本书为"十四五"职业教育国家规划教材。

为了适应新时期职业教育人才培养的需要,以及科学技术发展的新趋势和新特点,我们组织教师和企业专家成立了课程研发小组,用"互联网+汽车专业"思维创新模式,编写了新能源汽车系列丛书,分别包括《走进新能源汽车》《电动汽车维护与保养》《电动汽车结构原理与检修》《电动汽车总装技术》以及相应的工作页。

本书是与《走进新能源汽车》教材配套使用的工作页,共十一个部分,47个学习任务,采用了工作页这一灵活的形式,通过填写部件名称与序号、描述工作原理、文字理解、看图答题等形式的练习,使学生能在实践中牢固掌握新能源汽车的基础知识,主要包括新能源汽车的发展历程,新能源汽车的特点,国家推动新能源汽车的政策和补贴,新能源汽车的种类和车型,并从结构组成、工作原理、技术重点等方面全方位地进行了介绍。同时,还加入了如何购买和使用纯电动汽车以及新能源汽车未来的发展趋势。

本书可作为职业院校新能源汽车、汽车维修等相关专业的教学用书,也可以作为汽车企业内部培训资料,还可以作为想了解新能源汽车的大众群体的科普读物。

图书在版编目（CIP）数据

走进新能源汽车工作页/景平利,罗雪虎,高磊主编.—北京：机械工业出版社,2017.1（2025.9重印）

"十三五"职业教育新能源汽车专业"互联网+"创新教材

ISBN 978-7-111-55777-7

Ⅰ.①走⋯ Ⅱ.①景⋯②罗⋯③高⋯ Ⅲ.①新能源-汽车-职业教育-教学参考资料 Ⅳ.①U469.7

中国版本图书馆CIP数据核字（2016）第313761号

机械工业出版社（北京市百万庄大街22号　邮政编码100037）
策划编辑：曹新宇　　责任编辑：师　哲
责任校对：刘秀芝　　封面设计：马精明
责任印制：邓　博
涿州市般润文化传播有限公司印刷
2025年9月第1版第15次印刷
210mm×285mm·6.5印张·176千字
标准书号：ISBN 978-7-111-55777-7
定价：29.80元

电话服务　　　　　　　　　网络服务
客服电话：010-88361066　　机　工　官　网：www.cmpbook.com
　　　　　010-88379833　　机　工　官　博：weibo.com/cmp1952
　　　　　010-68326294　　金　书　网：www.golden-book.com
封底无防伪标均为盗版　机工教育服务网：www.cmpedu.com

关于"十四五"职业教育
国家规划教材的出版说明

为贯彻落实《中共中央关于认真学习宣传贯彻党的二十大精神的决定》《习近平新时代中国特色社会主义思想进课程教材指南》《职业院校教材管理办法》等文件精神,机械工业出版社与教材编写团队一道,认真执行思政内容进教材、进课堂、进头脑要求,尊重教育规律,遵循学科特点,对教材内容进行了更新,着力落实以下要求:

1. 提升教材铸魂育人功能,培育、践行社会主义核心价值观,教育引导学生树立共产主义远大理想和中国特色社会主义共同理想,坚定"四个自信",厚植爱国主义情怀,把爱国情、强国志、报国行自觉融入建设社会主义现代化强国、实现中华民族伟大复兴的奋斗之中。同时,弘扬中华优秀传统文化,深入开展宪法法治教育。

2. 注重科学思维方法训练和科学伦理教育,培养学生探索未知、追求真理、勇攀科学高峰的责任感和使命感;强化学生工程伦理教育,培养学生精益求精的大国工匠精神,激发学生科技报国的家国情怀和使命担当。加快构建中国特色哲学社会科学学科体系、学术体系、话语体系。帮助学生了解相关专业和行业领域的国家战略、法律法规和相关政策,引导学生深入社会实践、关注现实问题,培育学生经世济民、诚信服务、德法兼修的职业素养。

3. 教育引导学生深刻理解并自觉实践各行业的职业精神、职业规范,增强职业责任感,培养遵纪守法、爱岗敬业、无私奉献、诚实守信、公道办事、开拓创新的职业品格和行为习惯。

在此基础上,及时更新教材知识内容,体现产业发展的新技术、新工艺、新规范、新标准。加强教材数字化建设,丰富配套资源,形成可听、可视、可练、可互动的融媒体教材。

教材建设需要各方的共同努力,也欢迎相关教材使用院校的师生及时反馈意见和建议,我们将认真组织力量进行研究,在后续重印及再版时吸纳改进,不断推动高质量教材出版。

机械工业出版社

前 言

随着汽车产销量逐年猛增，汽车与能源、汽车与交通、汽车与环保、汽车与城市化等问题也日益凸显，发展新能源汽车已刻不容缓。自从 21 世纪初的"十五""863"计划电动汽车重大专项主要政策开始，到 2009 年《新能源汽车生产企业及产品准入管理规则》，新能源汽车越来越受到我国政府、企业的重点关注。同时，发展新能源汽车还承载着我国弯道超车的梦想，因此研发高效能、高环保的新能源汽车已成为我国汽车工业发展的重要主题。

目前，我国自主品牌的新能源汽车在全球市场正高歌猛进，很多自主品牌，如北汽新能源、比亚迪等已经在新能源汽车市场取得很优秀的成绩。尤其是近年来在政府的支持下，个人购买电动汽车的数量急剧增加，新能源汽车行业前、后市场对技能人才的需求量不断增大。为此，我们组织教师和企业专家成立了课程研发小组，主要结合企业岗位的实际需求，广泛参考借鉴了国内外新能源汽车方面的研究成果，形成以模块式课程为载体、以工作过程为主线、以任务驱动教学为主要形式的专业课程开发思路，编写了本系列教材，包括《走进新能源汽车》《电动汽车维护与保养》《电动汽车结构原理与检修》《电动汽车总装技术》以及相应的工作页。

本书始终坚持正确的政治方向，以国家和社会的需求为导向，以专业人才培养目标为依据，以所在专业能力结构为主线，将习近平新时代中国特色社会主义思想和党的二十大精神融入教材，以全力打造精品教材为出发点，以每一个学习情境、每一个学习任务、每一幅插图为落脚点，全面落实立德树人的根本任务，发挥铸魂育人实效。

本书是新能源汽车系列教材中的《走进新能源汽车工作页》，共十一个部分，47 个学习任务，采用了工作页这一灵活的形式，通过填写部件名称与序号、描述工作原理、文字理解、看图答题等形式的练习，重点介绍了有关新能源汽车的基础知识，主要包括新能源汽车的发展历程，新能源汽车的特点，国家推动新能源汽车的政策和补贴，新能源汽车的种类和车型，并结合了纯电动汽车、混合动力汽车和燃料电动汽车从结构组成、工作原理、技术重点等全方位进行了介绍。同时，还加入如何购买和使用纯电动汽车以及新能源汽车未来的发展趋势。

本书由北京汽车技师学院组织编写，由北汽新能源汽车股份有限公司副书记，工会主席郝子明主审。本书由景平利、罗雪虎、高磊担任主编。郑李参与第一部分、第二部分的编写；宫英伟参与第三部分、第四部分的编写；陈荣梅参与第五部分、第六部分的编写；于海涛参与第七部分的编写；梁金娥参与第八部分的编写；薛菲参与第十部分、第十一部分的编写。景平利编写第九部分并参与所有部分的编写，罗雪虎、高磊参与所有部分的统筹编写。

限于编者水平有限，书中难免有疏漏之处，恳请专家和读者批评指正，交流探讨，以便再版时修改补充。

编 者

目 录

前言

一、新能源汽车的发展史 ·· 001
   1. 什么是新能源汽车 ·· 001
   2. "出道"早，成名晚 ·· 003
   3. 家族脸谱 ·· 005
   4. 星星之火的燎原之势 ·· 007

二、新能源汽车是不一样的烟火 ·· 010
   1. 被催生出的新能源汽车 ·· 010
   2. 新能源汽车对环境的影响 ·· 012
   3. 省钱也能任性 ·· 014

三、是谁在推动新能源汽车的发展 ·· 016
   1. 发达国家制定优惠的新能源汽车发展政策 ·· 016
   2. 我国发展新能源汽车的政策 ·· 019

四、新能源汽车的未来不是梦 ·· 023
   1. 全球企业都在推出新能源汽车 ·· 023
   2. 超乎想象的能量电池 ·· 024
   3. 三足鼎立的驱动电机技术 ·· 026
   4. 现在的明星——混合动力汽车 ·· 027
   5. 燃料电池汽车才是真正的主角 ·· 028
   6. 取之不尽的能源——太阳能汽车 ·· 031

五、纯电动汽车跑起来 ·· 034
   1. 结构简单灵活的成人玩具车 ·· 034
   2. 心脏——电机及其控制系统 ·· 036
   3. 神经中枢——电控系统 ·· 038
   4. 速度控制其实比你想的要容易 ·· 038
   5. 制动还能充电 ·· 040
   6. 能量源——动力电池 ·· 041
   7. 能量收取自如的电池管理系统 ·· 043
   8. 没发动机还需要冷却吗 ·· 045
   9. 纯电动汽车能可靠驾驭吗 ·· 047
   10. 不一样的空调 ·· 049
   11. 精品 A0 级轿车北汽 EV200 ·· 051

六、油电混合动力汽车在路上 ·· 054

- 1. 混合动力复杂吗 ··· 054
- 2. 混合动力汽车动力输出方式 ··· 056
- 3. 混合动力汽车的典型结构 ··· 059
- 4. 动力系统如何协调 ··· 061
- 5. 如何掌控混合动力系统 ··· 063
- 6. 销量之王丰田普锐斯 ··· 064

七、燃料电池汽车的闪亮登场 ··· 070
- 1. 燃料电池电动汽车的类型 ··· 070
- 2. 燃料电池电动汽车组成结构 ··· 071
- 3. 化学能转化为动能效率高 ··· 074
- 4. 随身携带"氢弹"的汽车 ··· 075

八、购买新能源汽车 ··· 077
- 1. 去哪购买新能源汽车 ··· 077
- 2. 购买后的汽车怎么安装充电桩 ··· 080

九、使用电动汽车 ··· 082
- 1. 没有变速杆的纯电动汽车怎么开 ··· 082
- 2. 满血复活：快充和慢充 ··· 082
- 3. 智能化的中控信息娱乐系统 ··· 085
- 4. 电动汽车的日常维护及售后服务 ··· 086

十、电动汽车车联网和手机控制 ··· 088
- 1. 无处不在的车联网 ··· 088
- 2. 数据采集终端是什么 ··· 088
- 3. 数据采集终端有什么 ··· 089
- 4. 手机就能控制汽车 ··· 090

十一、能看到的未来智能化新能源汽车 ··· 092
- 1. 180°旋转的电动轮 ··· 092
- 2. 无线充电——边跑边充 ··· 093
- 3. 无人驾驶不是事儿 ··· 094

参考文献 ··· 096

一、新能源汽车的发展史

1. 什么是新能源汽车

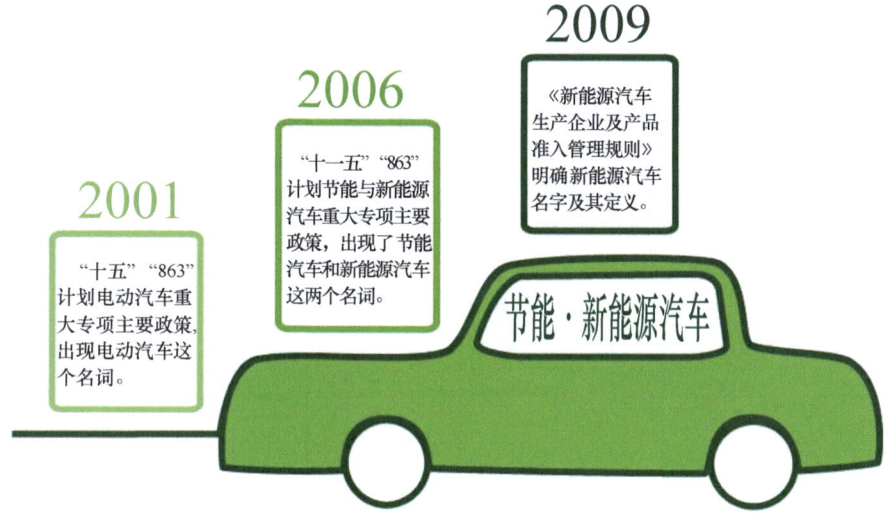

（1）填空题。

新能源汽车（New Energy Vehicles）正式出现是在我国工业和信息化部 2009 年 6 月 17 日发布的《新能源汽车生产企业及产品准入管理规则》上。在此规则中明确指出：

_____

_____。

该规则于 2009 年 7 月 1 日正式实施。

节能汽车是指_____。

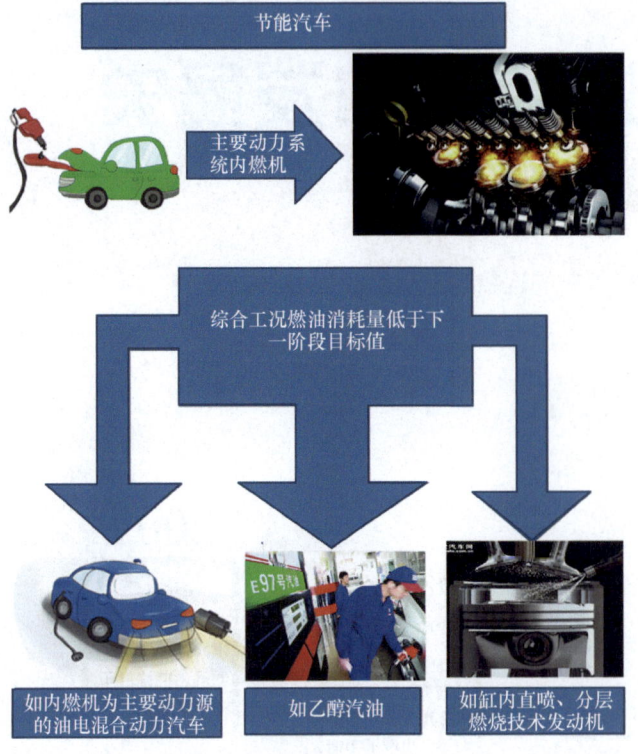

（2）节能汽车和新能源汽车有什么差别？

_____
_____
_____

（3）请把新能源汽车、节能汽车和传统燃油汽车对应的汽车图片用直线连接。

新能源汽车　　　　

节能汽车　　　　

传统燃油汽车　　　　

2. "出道"早，成名晚

（1）填空题。

早在1834年苏格兰人德文博特（T. Davenport）制造了_____，比_____年德国人卡尔·本茨（Karl Benz）发明的_____驱动汽车早了近半个世纪。

> 我由一组不可充电的干电池驱动，行驶的距离短。但是不能否认我跨出的一步可是人类汽车发展史上的一大步。

从1834年之后，电动汽车的发展历经了风雨，也历经了辉煌。19世纪末期到20世纪初期，这是电动汽车的黄金时期，一大批不凡的电动汽车受到了人们的喜爱。

1899年4月29日，比利时人卡米乐·热纳茨(Camill e Jenatzy)驾驶着一辆名为La Jamais Contente（中文意"永不满意"）炮弹外形电动车以_____km/h的速度刷新了由汽油动力发动机保持的世界汽车最高车速的纪录，这也是汽车速度第一次突破_____km/h大关，并且保持着这个纪录进入了_____世纪。

1916年8月，世界上第一辆_____汽车问世。这款车跟现代的汽车外形结构很接近，使用操纵杆代替踏板来控制节气门。

1990年洛杉矶车展，通用汽车公司展示了一款名叫Impact的电动概念车，Impact的重量仅有_____kg，其中仅蓄电池就占了_____kg。该车从静止状态加速到_____km/h只需_____s，在高速公路上以_____km/h的速度可行驶_____km。被认为是现代汽车工业史上的第一辆全电动汽车。

1996年_____汽车公司制造并销售_____电动汽车。这是以现代化_____生产的方式推出的第一款电动汽车。每次充电后最大续航里程的理论值可以达到_____km，最高行驶时速为_____km，并且当年的_____电动汽车已经具有_____系统，其超低的风阻系数(0.19)为该车进一步提高了续航里程。

_____是日本丰田汽车于1997年推出的世界上第一个大规模生产的混合动力汽车，随后在2001年销往全世界40多个国家和地区。第一代_____搭载_____汽油发动机、_____和_____。汽油发动机提供的最大功率为42.63kW，最大转矩为102N·m。电动机的峰值功率和转矩分别为29.40kW和305N·m。

　　自普锐斯之后，世界各大汽车公司和新生企业又重新拉开了新能源汽车研发的大幕，菲斯科 Karma、日产 Denki Cube、雪佛兰 Volt 和特斯拉 Roadster 等车型纷纷加入新能源汽车的行列。这些汽车都采用最新的_____技术，把新能源汽车的性能与活动范围都带到了一个新的境界，而且已经逐渐被普通家庭用户接受，并购买使用。新能源汽车又重新登上了汽车世界的舞台中心。

（2）新能源汽车的发展经历了哪些过程？为什么直到21世纪才重新走进普通家庭？

___

___

___

___

3. 家族脸谱

（1）填空题。

随着新能源汽车的发展壮大，其包含的范围也越来越广，按照目前新能源技术特点和车辆驱动原理，一般将新能源汽车分为：_____、_____、_____以及_____、_____汽车和其他能量形式驱动的汽车。

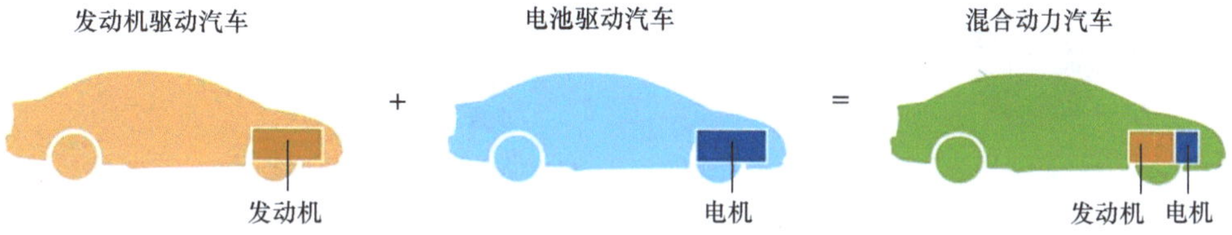

发动机和_____结合起来驱动汽车的是_____，因为_____的加入，使得汽车的_____得到很大的降低。

左图是_____汽车，就是采用_____驱动的汽车，就是_____给_____供电，_____工作驱动汽车行驶。

燃料电池汽车是指以_____、_____等为燃料，通过_____产生电流，依靠_____驱动的汽车。其电池的能量是通过_____和_____的化学作用，而不是经过燃烧，直接变成电能的。燃料电池的化学反应过程不会产生有害产物，燃料电池的能量转换效率比_____要高2～3倍，并且实现了零排放，从能源的利用和环境保护方面，燃料电池汽车是一种理想的车辆。

燃气汽车是指利用_____作为能源驱动的汽车，常见的燃气有_____、_____和_____。

其工作原理与燃油汽车的工作过程基本相同，只是把燃油换成了燃气。工作原理是燃气从钢瓶出来以后经过减压阀减压，再经过过滤器过滤，进入喷轨，通过喷阀进入到气缸，在气缸内与氧气混合，经过火花塞点燃做功。

钢瓶中压缩天然气的压力一般为_____MPa，但是它的_____排放量比汽油车减少90％以上，_____排放减少70％以上，_____排放减少35％以上。

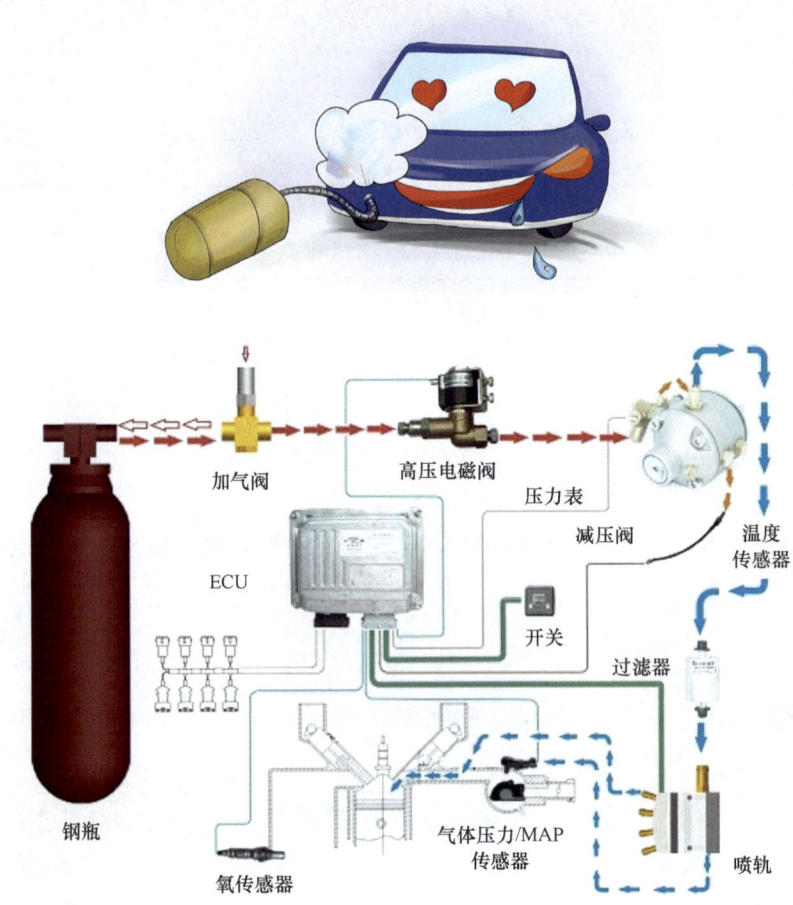

生物燃料汽车是指从_____提取出或者制成的燃料。

（2）看图说出下面的汽车是什么类型的新能源汽车。

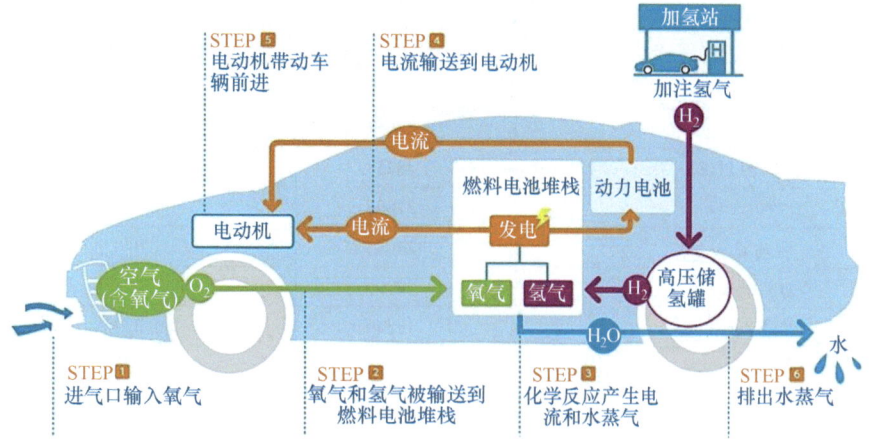

（3）简述新能源汽车的类型及其特点。

_____
_____
_____
_____

（4）判断题

① 混合动力汽车与传统汽车相比较，低速时不耗油。　　　　　　　　　　　（　　）
② 混合动力汽车与纯电动汽车相比较，高速时动力足。　　　　　　　　　　（　　）

4. 星星之火的燎原之势

（1）填空题。

全球电动汽车销量从 2012 年的 14 万辆、2013 年的 20 万辆、2014 年的 32 万辆到 2015 年创历史纪录，飞速达到了 54.9 万辆，增速达到 70%。

2015 年全球电动汽车销售排行榜

排名	车型品牌	2015年/辆	市场占比（%）	2014年排名
1		51390	9	3
2		43651	8	1
3	三菱欧蓝德 PHEV	43259	8	2
4		31898	6	7
5	宝马 i3	24083	4	6
6	康迪熊猫 EV	20390	4	26
7	雷诺 Zoe	18846	3	9
8		18375	3	N/A
9	雪佛兰沃蓝达	17508	3	4
10	大众高尔夫 GTE	17282	3	33
11		16488	3	16
12	众泰云 100	15467	3	N/A
13	大众 e-Golf	15356	3	21
14	奥迪 A3 e-Tron	11962	2	37
15	荣威 550 PHEV	10711	2	34
16	江淮 iEV 系列	10420	2	35
17	福特 Fusion Energi	9894	2	9
18	福特 C-Max Energi	9643	2	11
19	康迪 K10 EV（估值）	7665	1	10
20	奇瑞 eQ	7262	1	39
	总计	549414		

新能源之火已呈现燎原之势，根据 IEA（国际能源署）预计，至 2020 年，全球新能源汽车总销售量将接近 _____ 万辆，全球新能源汽车保有量将达到 _____ 万辆。我国规划到 _____ 年新能源汽车累计产销量将达到 _____ 万辆。

（2）依据上面的 2015 年全球电动汽车销售排行榜，我国新能源汽车品牌有哪些？都属于什么公司？这些公司是否以前生产过汽车？

_____

_____

_____

_____

（3）海外媒体 EV Sales Blog 对 2016 年中国新能源汽车车型销量进行了预测，以下是该媒体的预测数字：

排名	车型	2016 年销量预期/辆
1	比亚迪唐	75000
2	康迪熊猫 EV	55000
3	比亚迪宋 PHEV	25000

(续)

排名	车　型	2016 年销量预期/辆
4	众泰云 EV	25000
5	北汽 E 系列	22000
6	比亚迪秦	20000
7	康迪旋风	20000
8	众泰芝麻 E30	20000
9	比亚迪元	17000
10	康迪 E30	15000
11	北汽绅宝 D50 EV	7500
12	比亚迪明	3000
13	比亚迪 T5/T7	3000

① 根据以上的预测数据，2016 年我国国产新能源汽车销量排名前三的新能源汽车公司分别是什么公司？分别预计的总销量是多少？

② 以上所公布的汽车车型分别属于哪些汽车公司？

二、新能源汽车是不一样的烟火

1. 被催生出的新能源汽车

（1）填空题。

_____是石油的主要消耗对象，而且我国汽车产销量已居世界第_____，每年仅汽车对石油的消耗量就相当巨大。

汽车数量激增所带来的燃油消耗给我国的_____带来了日益增大的压力。长此下去，将难以维持我国汽车产业的发展。

燃油汽车的效率较低，燃油汽车在工作过程中，只有_____的能量转化为有用功。

（2）下面哪些是传统燃油汽车产生的影响？其造成的原因是什么？

温室效应

城市雾霾

城市环境噪声　　　　　　　　城市高温

_____
_____
_____

2. 新能源汽车对环境的影响

（1）填空题。

没有了发动机的_____汽车，在运行过程中不会产生_____，因此不存在大气污染的问题，在本质上就是_____的汽车；_____汽车通过氢气和氧气的燃烧，最终的产物是水，水不会对环境产生污染，也是一种零排放的汽车。

电动汽车在_____行驶时发出的噪声很小，这为车内人员提供了舒适的环境，但

对于视力受损的行人而言，由于需要依靠声音来辨别车流，可能增加危险。

电动汽车的声音只来自_____、_____以及_____的"嗡嗡"声。正常以_____以下行驶时，声音很小，在_____dB以下。

相对燃油汽车，_____汽车都是使用电机驱动，没有了燃烧过程，没有了高温废气的排放；另外_____汽车依靠电力运动，能量转换效率很高，部件发热少，且不会运转过热，向环境中排放的热量要比燃油汽车少_____以上。

（2）用线把传统燃油汽车在动力技术和排放方面的技术改革的图片与文字对应起来。并分别简述其如何来减少对环境的影响。

缸内直喷

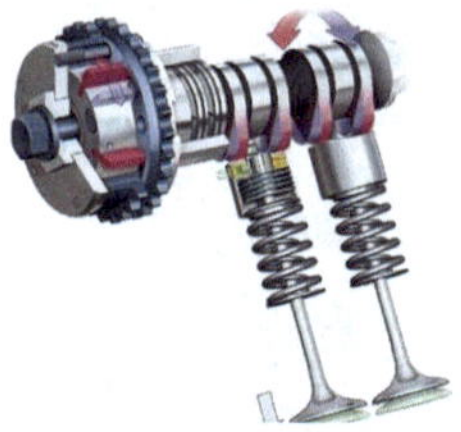

CVVT

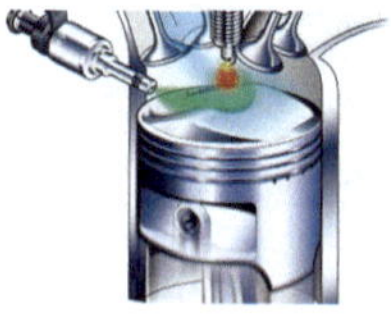

涡轮增压

_____
_____
_____
_____

（3）阅读下面的资料并观看图片，可以得出新能源汽车对环境的影响与传统的燃油汽车有什么区别？

在城市中，道路上车辆行驶较多，而且经常遇到红绿灯，车辆必须不断地停车和起动。对于传统燃油汽车而言，这不仅意味着消耗大量的能源，而且还意味着更多汽车尾气的排出。而使用电动汽车，减速停车时，可以将车辆的动能通过电磁效应"再生"地转化为电能并储存在蓄电池或其他储能器中。

_____
_____
_____
_____
_____

3. 省钱也能任性

请查阅现在的 92 号汽油价格和电价，对比北汽 EV200 与北汽绅宝 D50 两种车型哪个更省钱。

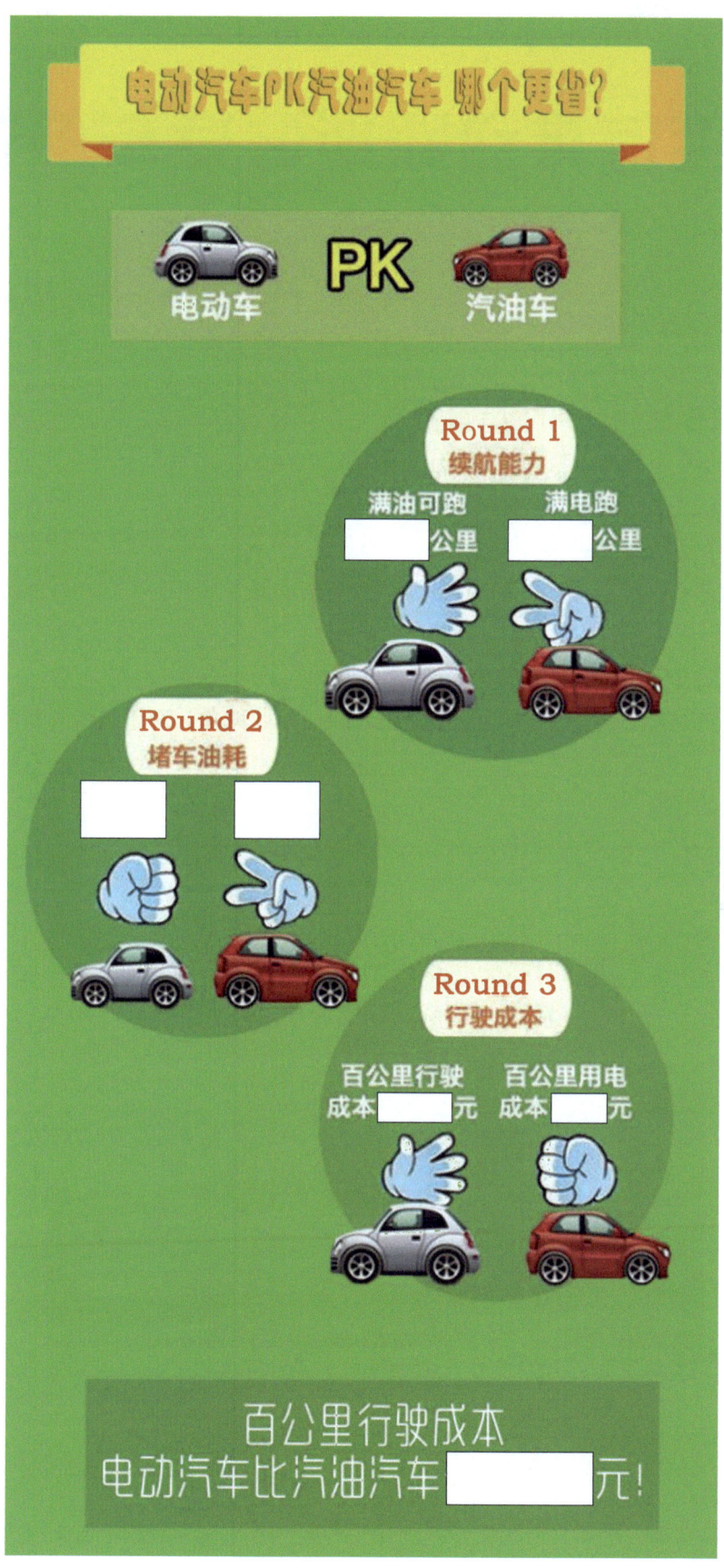

三、是谁在推动新能源汽车的发展

1. 发达国家制定优惠的新能源汽车发展政策

（1）填空题。

随着日益严峻的环境和能源问题，各国纷纷加快发展新能源汽车。为了推动新能源汽车的健康发展，各国都在制定扶持政策。

1）美国。

现阶段政府同时对购买新能源汽车的个人和家庭提供了税收减免。对于新购买新能源汽车的消费者，政府可以给予_____。

日产聆风在美国的售价

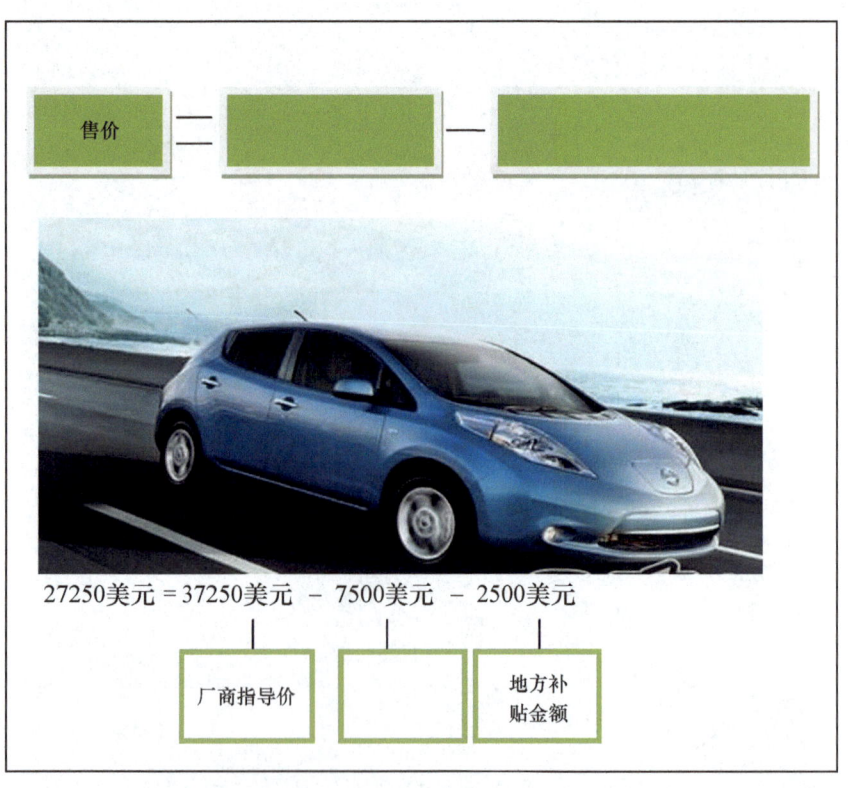

27250美元 = 37250美元 − 7500美元 − 2500美元

厂商指导价　　　　　　地方补贴金额

2）英国。

日产聆风在英国的售价

23350英镑 = 28530英镑 − 5180英镑

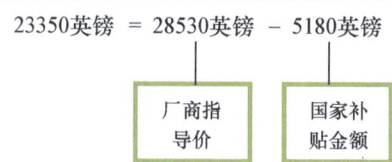

同时还要返还纯电动汽车车主_____。

3）日本。

2009年实施的"绿色税制"的优惠税制中，像纯电动汽车、清洁柴油汽车、混合动力汽车这一类被定义为"新一代的汽车"，同天然气燃料汽车以及获得国家标准的"低排放""低消耗"的车辆均可享受优惠。如：购买像普锐斯这种混合动力汽车可以免除_____。

日产聆风在日本的售价

2984250日元 = 3764250日元 − 780000日元

同时享受_____。

（2）下列哪些国家在发展新能源汽车？

德国　　　　　荷兰　　　　　意大利

韩国　　　　　西班牙　　　　印度

_____
_____
_____

（3）阅读下面的图表回答问题。

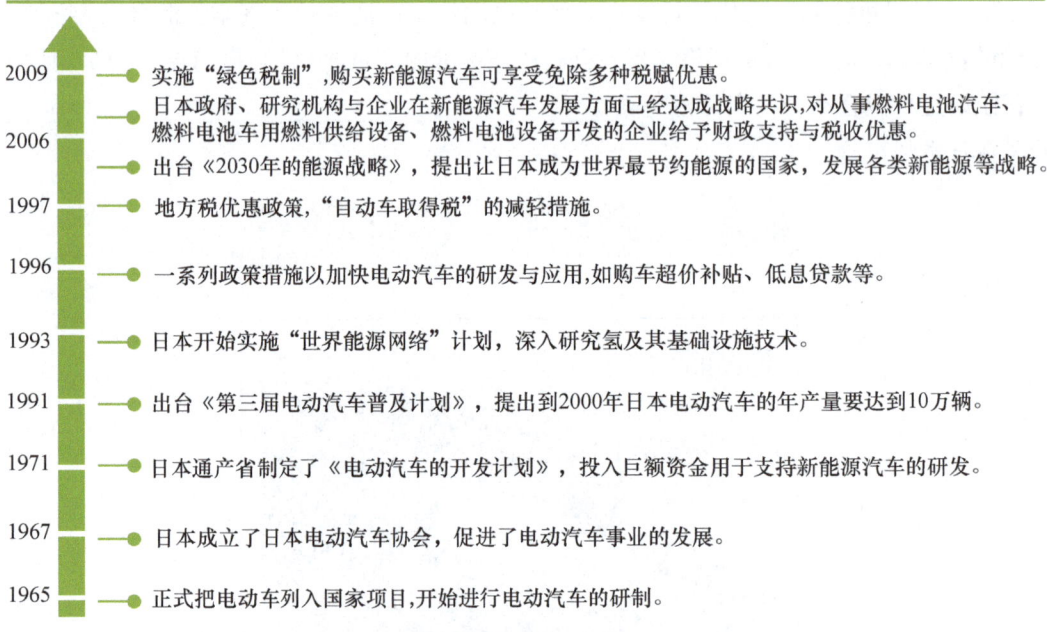

日本新能源汽车主要政策

2009　实施"绿色税制"，购买新能源汽车可享受免除多种税赋优惠。
2006　日本政府、研究机构与企业在新能源汽车发展方面已经达成战略共识，对从事燃料电池汽车、燃料电池车用燃料供给设备、燃料电池设备开发的企业给予财政支持与税收优惠。
　　　出台《2030年的能源战略》，提出让日本成为世界最节约能源的国家，发展各类新能源等战略。
1997　地方税优惠政策，"自动车取得税"的减轻措施。
1996　一系列政策措施以加快电动汽车的研发与应用，如购车超价补贴、低息贷款等。
1993　日本开始实施"世界能源网络"计划，深入研究氢及其基础设施技术。
1991　出台《第三届电动汽车普及计划》，提出到2000年日本电动汽车的年产量要达到10万辆。
1971　日本通产省制定了《电动汽车的开发计划》，投入巨额资金用于支持新能源汽车的研发。
1967　日本成立了日本电动汽车协会，促进了电动汽车事业的发展。
1965　正式把电动车列入国家项目，开始进行电动汽车的研制。

1）日本主要从哪些方面制定发展新能源汽车的政策？
_____
_____

2）日本在新能源汽车方面取得了哪些成绩？

2. 我国发展新能源汽车的政策

（1）填空题。

我国_____还是产业化水平，与国际先进水平仍有一定的差距，同时我国缺油、少气，自2003年超过日本成为居美国之后的世界第二大石油进口国后，石油对外依存度不断攀升，石油安全问题日益凸显。

我国从2009年2月推出"_____"计划开始，国务院及财政部、国家税务总局与工业和信息化部对新能源汽车出台了一系列扶持政策，这些政策促进新能源汽车产业有序健康地发展。

在国务院2012年6月28日《_____》中明确了我国新能源汽车发展的_____。

技术路线		
五项规划目标	产业化	1) 2015年，BEV、PHEV累计产销量达50万辆。 2) 2020年，_____。
	燃油经济性	1) 2015年乘用车燃料消耗量降至_____L/百公里，节能型乘用车燃料消耗量降至_____L/百公里以下。 2) 2020年乘用车平均燃料消耗量降至_____L/百公里，节能型乘用车燃料消耗量降至_____L/百公里以下；商用车新车燃料消耗量接近国际先进水平。
	技术水平	1) _____。 2) 掌握_____等汽车节能关键核心技术。 3) 形成一批具有较强竞争力的节能与新能源汽车企业。
	配套能力	1) 关键零部件技术水平和生产规模基本满足国内市场需求。 2) _____满足重点区域内或城际间新能源汽车运行需要。
	管理制度	1) 建立起有效管理制度。 2) 构建市场营销、售后服务及_____。 3) 完善扶持政策。 4) 形成比较完备的_____。

（续）

五项主要任务	1）实施节能与新能源汽车技术创新工程。 2）科学规划产业布局。 3）加快推广应用和试点示范。 4）积极推进充电设施建设。 5）加强动力电池梯级利用和回收管理。
六项保障措施	1）完善标准体系和准入管理制度。 2）加大财税政策支持力度。 3）强化金融服务支撑。 4）营造有利于产业发展的良好环境。 5）加强人才队伍保障。 6）积极发挥国际合作的作用。

我国为了推动新能源汽车的销售，除了对_____进行支持，还对_____也进行了补贴。

2013—2020 年我国对新能源汽车的补贴标准（单位：万元）

车 辆 类 型	里程数 R（工况法、公里）	2013	2014	2015	2016	2017	2018	2019	2020
纯电动汽车									
插电式混合动力乘用车（含增程式）									
燃料电池乘用车									

除了国家进行补贴外，一些城市尤其是大城市为了进一步促进新能源汽车的销售，在国家补贴的基础上又进行了补贴。

北京补贴标准：＿＿＿＿＿＿＿＿＿＿＿＿＿＿＿＿＿＿＿＿＿＿＿＿＿＿＿。

其他优惠：新能源汽车单独摇号，直接按申请顺序分发指标。自用充电设施采用"一车一桩"和"桩随车走"，企业免费为车主安装充电桩，物业管理单位须支持自用充电设施建设。

上海补贴标准：

车 辆 类 型	补助标准（万元/辆）
纯电动乘用车	
插电式混合动力乘用车（含增程式）	
燃料电池乘用车	

其他优惠：浦东新区对拥有浦东新区户籍或目前在浦东新区辖区内法人组织（党政机关、事业单位、人民团体、社会组织和注册地且税收户管在浦东新区的企业）工作并交纳社保＿＿＿＿＿＿＿的个人，购买新能源汽车一次性补贴＿＿＿＿＿＿＿万元/辆。

广州补贴标准：＿＿＿。

东风日产启辰晨风在北京的售价（日产聆风的国产化）

15.28万元 = 24.28万元 － 9万元

同时享受_____。

（2）我国从什么时候制定发展新能源汽车的政策？从哪些方面制定了发展新能源汽车的政策？

_____
_____
_____

（3）如何在北京购买 EV200 电动汽车？

_____
_____
_____
_____
_____
_____

四、新能源汽车的未来不是梦

1. 全球企业都在推出新能源汽车

（1）填空题。

全球 HEV 销量最大的生产企业是_____，截至 2014 年 9 月底，混合动力汽车的全球累计销量达到 705 万辆。在中国市场上，一汽丰田在 2020 年前将要推出_____款全新新能源车型；广汽丰田将在 2020 年扩充新能源产品数量达到_____款，混合动力车型销量占比将达到_____。

2015 年北汽新能源纯电动汽车现有的_____、_____、_____和_____，累计实现销售整车_____万辆，同比增幅达 3.6 倍，目标市场占有率扩大到 25.8%。并且计划到_____年推出_____款新车。

（2）分别将汽车生产企业与其新能源汽车品牌进行连接。

通用汽车　　　　　　　　　Mirai

大众　　　　　　　　　　　沃蓝达

丰田　　　　　　　　　　　e-up 纯电动车

本田　　　　　　　　　　　讴歌 ILX

北汽集团　　　　　　　　　E5

比亚迪　　　　　　　　　　EU260

2. 超乎想象的能量电池

（1）填空题。

自电动汽车诞生以来，_____的性能一直是影响电动汽车普及的关键因素之一。理想的动力电池也是在不久的将来即将出现，它具有以下几个特性：

现阶段的新能源动力电池主要为以下三类：

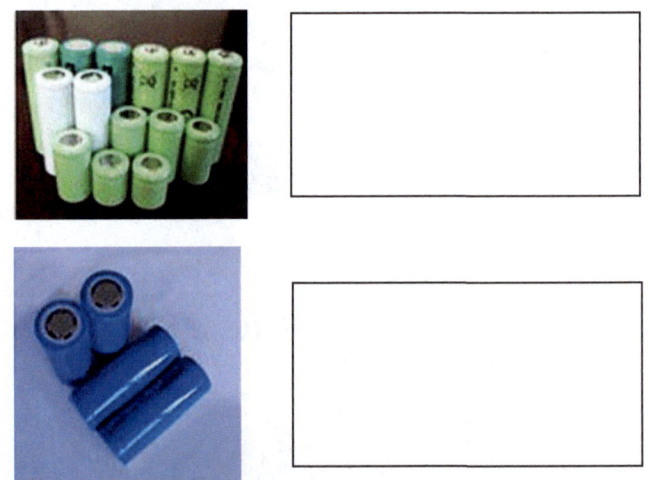

电池的能量：是指_____，单位_____。

电池的能量就像洒水车的储水罐，能量越高，按照一定标准下的放电的时间就越长。

电池的自放电率：又称荷电保持能力，是指_____，主要受电池制造工艺、材料、储存条件等因素影响。

自放电率低的电池就像强力胶水，一旦充满电，会一直保持住不掉电。

比能量是指_____，单位_____。

比能量高的动力电池可以长时间工作，续航里程长。

比功率密度是描述_____，单位_____。

比功率高的动力电池就像百米赛跑里的运动员，速度快，可以提供很高的瞬间电流，以保证汽车的加速性能。

（2）阅读下面的文字，可以得出石墨烯电池具有哪些特点？

　　石墨烯电池是利用锂离子在石墨烯表面和电极之间快速大量穿梭运动的特性，开发出的一种新能源电池。西班牙 Graphenano 公司同西班牙科尔瓦多大学合作研究出首例石墨烯聚合材料电池，用该电池提供电力的电动车最多能行驶 1000km，而其充电时间不到 8min。石墨烯电池具有各种优良的性能，但其成本并不高。

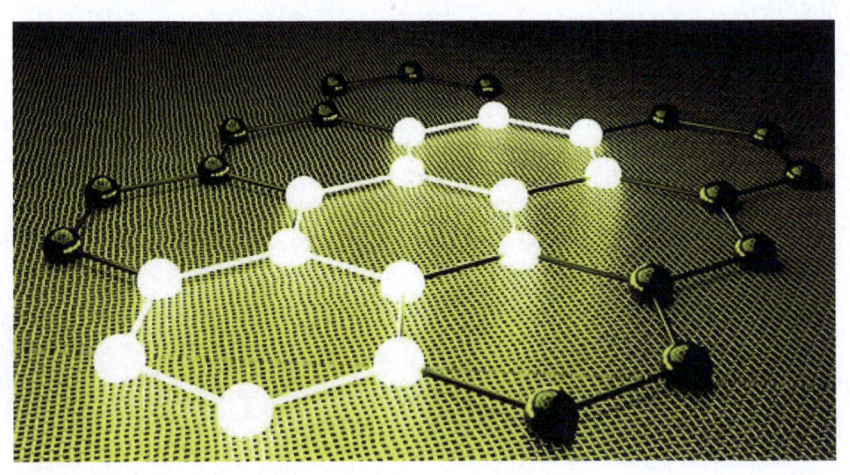

_____
_____
_____
_____
_____
_____

（3）简述动力电池与低压蓄电池的区别。

_____
_____
_____
_____
_____
_____
_____

3. 三足鼎立的驱动电机技术

（1）填空题。

电机也是新能源汽车的核心部件，就如燃油汽车的发动机一样。

新能源汽车上电机需要满足以下特点：

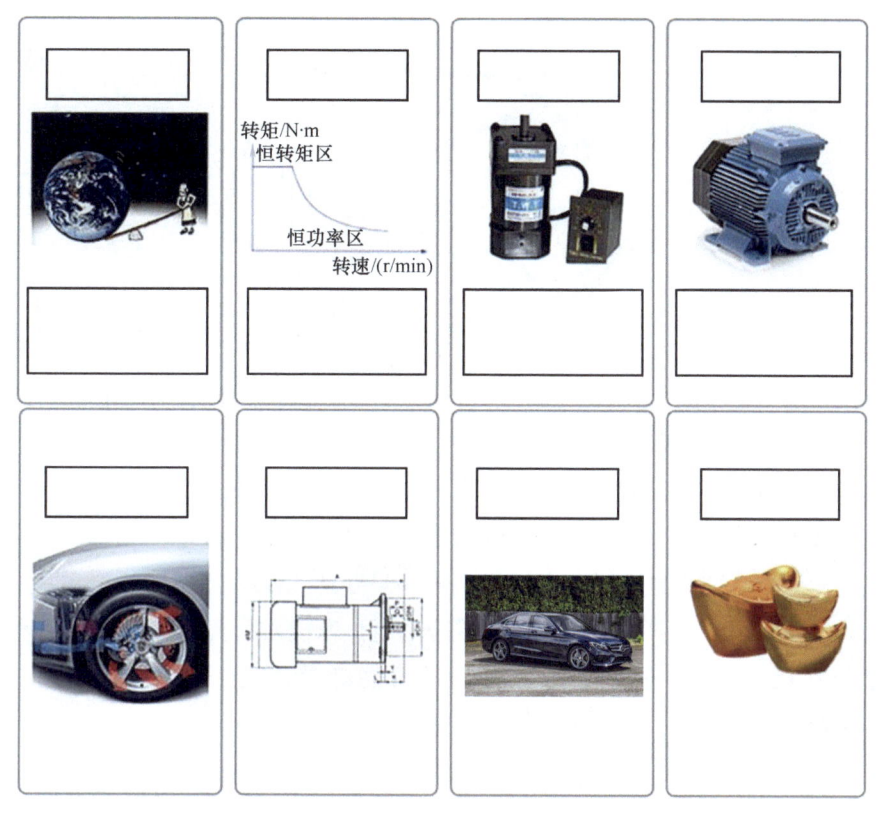

现在电动汽车经常采用的驱动电机有_____、_____、_____和_____。最早应用于电动汽车的是_____，这种电机的特点是控制性能好，成本低，但是体积大，寿命短，维护麻烦，现在基本已不采用。而随着电子技术、机械制造技术和自动控制技术的发展，_____、_____和_____表现出比_____更优越的性能，使得这三种电机在新能源汽车上得到了广泛的使用。

（2）根据下面的描述，指出是哪种电机。

优点：结构简单、可靠、质量小，抗高温性能强，环境适应性强，转速范围广。
缺点：控制技术复杂。

_____

优点：效率高、起动转矩大、质量较小，尺寸和质量都偏小，布置更加灵活。
缺点：高温退磁，抗振动差等。

_____

优点：结构简单、可靠，成本低。
缺点：质量较大，易于产生噪声。

_____

4. 现在的明星——混合动力汽车

（1）填空题。

在国务院2012年6月28日《节能与新能源汽车产业发展规划（2012—2020年）》中明确了_____

_____。

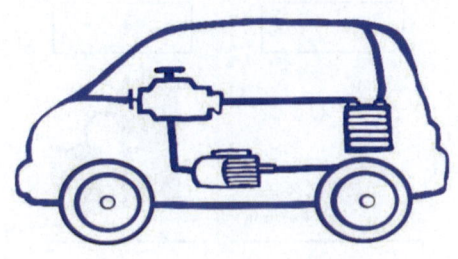

混合动力是指_____车型。按照燃料种类的不同，主要又可以分为_____和_____两种。目前国内市场上，混合动力车辆的主流都是_____，而国际市场上_____车型发展也很快。

随着人们对混合动力汽车接受程度的提高，未来的几年仍然是混合动力汽车发展的黄金时期。混合动力汽车比内燃机汽车更环保，降低汽车尾气对环境的污染。而且混合动力汽车_____，使发动机不再需要怠速运转，减少怠速时对发动机磨损，只要适当踩下加速踏板，电机马上推动汽车行驶，在到达一定负荷之后，发动机才介入运转工作中。混合动力汽车能大大提高能量的利用率，电能直接转化成磁力机械能，几乎没有能量损失，目前普通汽油发动机的能量转换是_____以下，柴油发动机接近_____，电机的转换是_____，减少了能量浪费。

（2）查阅资料，现在中国汽车市场上有哪些品牌的混合动力汽车在销售？
_____
_____
_____

（3）判断题。

1）混合动力汽车与传统燃油汽车一样具有发动机。（　　）
2）混合动力汽车结构与纯电动汽车相比要复杂。（　　）
3）混合动力汽车的高速动力性要好于纯电动汽车。（　　）
4）混合动力汽车也能进行制动能量回收。（　　）

5. 燃料电池汽车才是真正的主角

（1）填空题

燃料电池一般以_____为燃料，作为_____，用空气中的_____作为_____。一般电池的活性物质是预先放入的，电池容量取决于_____；而燃料电池的活性物质（燃料和氧化剂）是在反应的同时源源不断地输入的，因此，这类电池实际上只是一个_____，具有_____等优点，但由于成本高，系统比较复杂。

与纯电动汽车相比，燃料电池汽车具有_____等优点，燃料电池汽车性能基本满足用户需求，必将成为未来高端纯电驱动车辆主体车型。随着新型非铂催化剂的研制成功

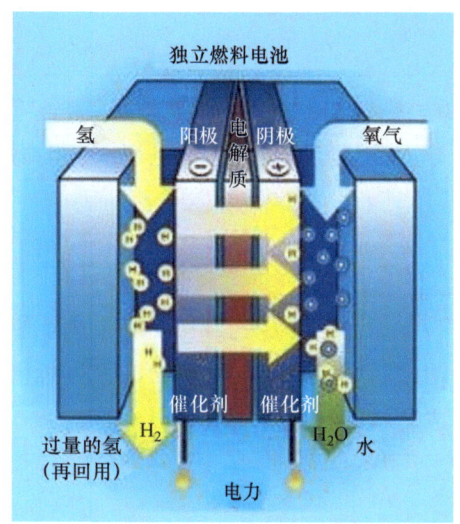

和应用,燃料电池汽车成本将进一步降低,燃料电池汽车市场化进程将大幅提速。

根据下列图片描述燃料电池汽车的优点:

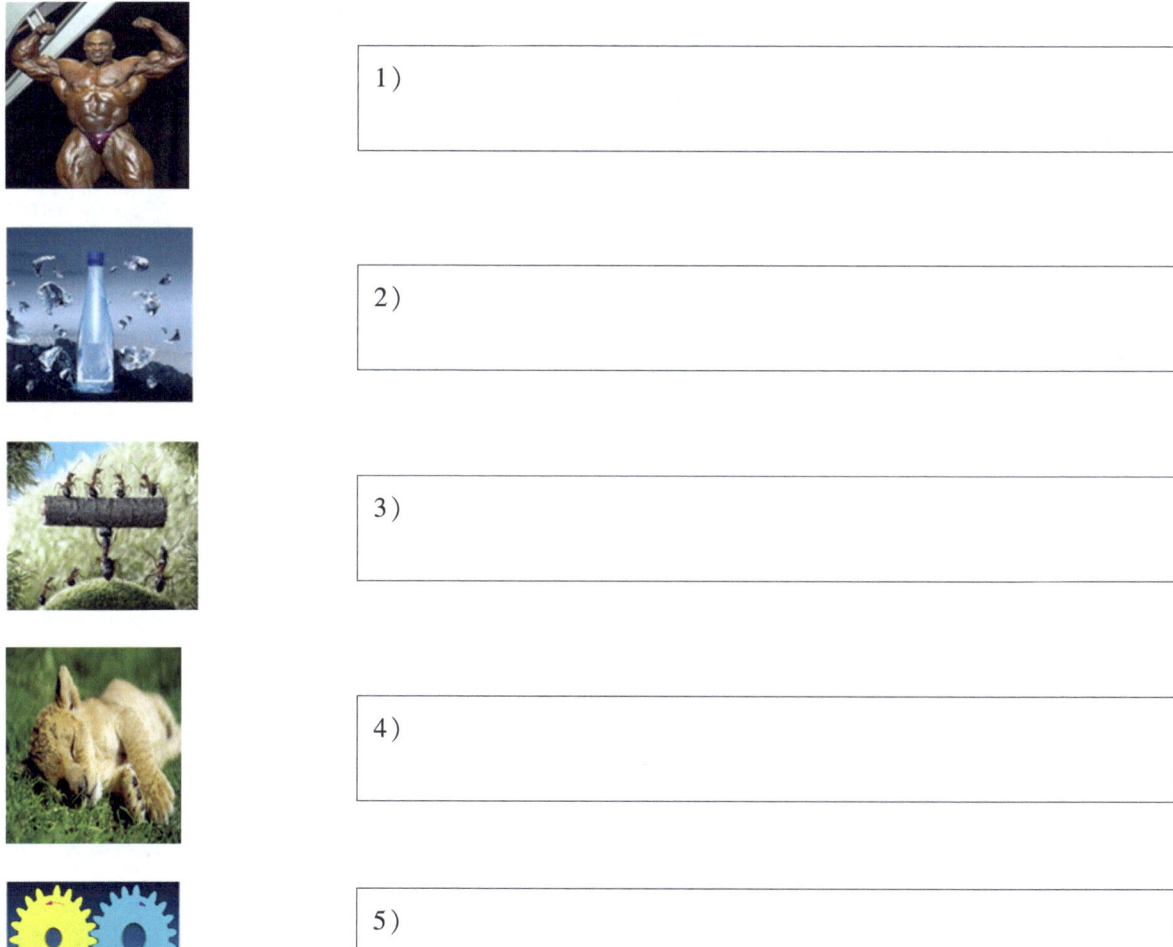

1)

2)

3)

4)

5)

6)燃料(氢气)来源广泛。制备方法多样,可通过石油、甲醇等重整制氢,也可通过电解水、生物制氢等方法获取氢气。

7)燃料补充方便。可以采用甲醇等液体为燃料,利用现有的加油站系统,采用与汽车加油大体相同的燃料补充方式短时间内完成燃料的补充。

8)环境适应性强。它的功率密度高、过载能力大、可不依赖空气,因此可两栖使用,适应多种环境及气候条件。

(2)阅读下表,判断下列问题是否正确。

技术参数 车辆类型	整车动力性能	冷起动温度/℃	续航里程/km	能量补给速度/min	整车成本/万元	基础设施情况
燃料电池乘用车	好	−30	800	5	80~150	稀缺
纯电动乘用车	好	−5	200	快充:30 慢充:≥300 换电:10	30~50	缺
传统内燃机汽车	好	−30	600	5	10	完善

1)燃料电池汽车比纯电动汽车的能量补给速度快。( )
2)燃料电池汽车的续航里程比传动内燃机汽车、纯电动汽车长。( )
3)现阶段燃料电池汽车的加氢站很少。( )
4)燃料电池汽车的整车成本比纯电动汽车高。( )
5)燃料电池汽车的冷起动性能比传动内燃机汽车好。( )
6)燃料电池汽车的普及困难在于能量的补给速度慢。( )

(3)阅读下面的文字回答问题。

韩国现代汽车于2013年发布了第一款燃料电池汽车ix35,该车通过了多种环境条件的测试,目前也以租赁的方式进行销售。

奥迪汽车公司于2014年发布了燃料电池汽车A7 Sportbackh-tron,该车续航里程超过500km,最大输出功率为170kW。

2013年1月,日产、戴姆勒和福特宣布联合开发全新的燃料电池系统,并在未来十年内加速推进燃料电池汽车的市场化。戴姆勒近期表示,预计在2017年将具有价格竞争力的燃料电池汽车投放市场。

在国内,在2014年9月举办的"创新征程——新能源汽车万里行"活动中,由上汽集团自主研发的燃料电池汽车荣威 750 成功挑战了沿海潮湿、高原极寒、南方湿热、北方干燥的气候环境，充分检验了其环境适应性，但离成功进入市场仍有一定的差距。

2015 年，丰田 Mirai 上市，售价为 723.6 万日元（约 42 万元人民币），享受政府补贴后在日本的实际售价约为 520 万日元（约 27 万元人民币）。搭载总功率为 114kW 的燃料电池系统，采用 70MPa 的高压氢罐，3min 即可将氢气加满，续航里程达到 700km。

1）通过阅读上面的资料，可以看出市场上在售的燃料电池汽车是什么品牌？

2）通过上面的阅读，在 2013 年就已经研发出了燃料电池汽车，而现在投放市场销售的燃料汽车还很少，原因是什么？

6. 取之不尽的能源——太阳能汽车

（1）填空题。

① 太阳能电池组：它是太阳能汽车的核心，由一定数量的单体电池串联或并联组成电池方阵。太阳能单体电池由半导体材料制成，当太阳光照射在该半导体材料时，产生电能。

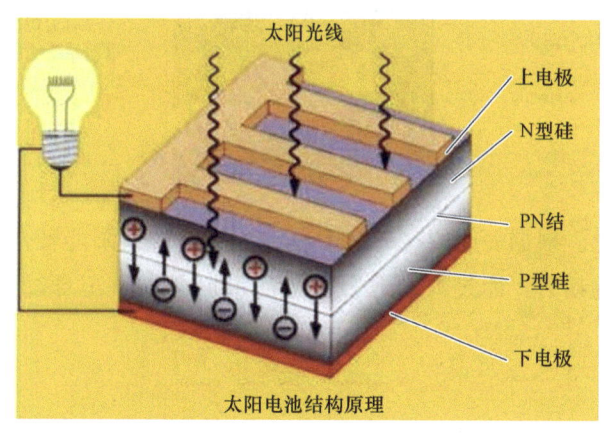

太阳能电池的_____大小与太阳光_____的大小和太阳能_____的大小成正比。车用太阳能电池将很多太阳能电池排列组合成太阳能电池板，以产生所需要的_____和_____。

② 自动阳光跟踪系统：太阳能电池能量的多少取决于太阳电池板接收太阳辐射能量的多少，由于相对位置的不断变化，太阳电池板接受太阳辐射能量也在不断变化。自动阳光跟踪系统的作用就是_____
_____。

自动阳光跟踪系统就像向日葵追着太阳，让太阳电池板正对着太阳。

③ 驱动系统：太阳能汽车采用的驱动电机主要有交流异步电机、永磁电机、直流电机，其驱动系统与电动汽车基本相同。

④ 控制器：主要实现对太阳能电磁组进行管理和对电机的控制，其作用与电动汽车控制系统相同。

太阳能汽车由_____在自动阳光跟踪系统的控制下始终_____，接受太阳光，并转换成电能，向_____供电，再由_____驱动汽车行驶，它实际上是一种电动汽车，其工作原理与串联式混合动力汽车基本相同。

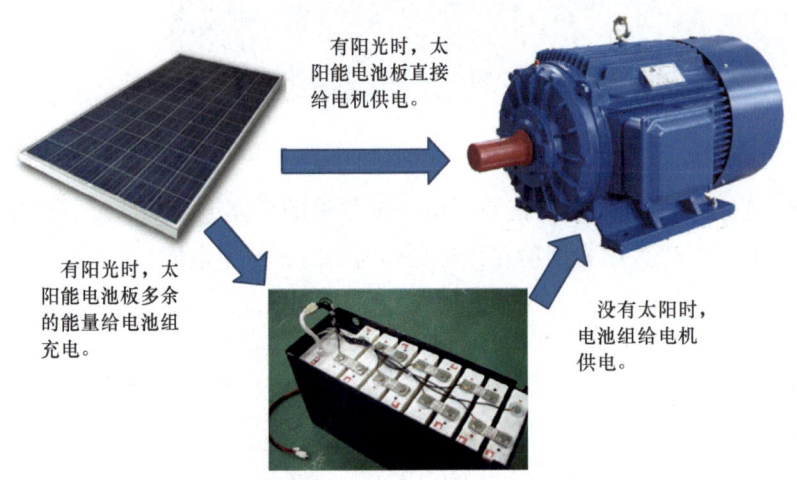

有阳光时，太阳能电池板直接给电机供电。

有阳光时，太阳能电池板多余的能量给电池组充电。

没有太阳时，电池组给电机供电。

太阳能的采集与转换率低。根据一般的材料应用与技术能力，太阳能转化率只能达到_____左右，难以满足汽车高速行驶所需的动力，而过大的太阳能电池板也会导致车身过大而不够灵活，内部空间过于狭小。

（2）分别把对应的太阳能汽车类型与相应的解释用线连接。

太阳能混合动力汽车　　　　用贴在车体外表面的太阳能板，将太阳能直接转换成电能，驱动车辆行驶。

太阳能驱动动力汽车　　　　有两套动力系统，汽车外观与传统汽车相似，只是部分表面加装太阳能吸收装置，用于给蓄电池充电，或者直接作为动力源。

太阳能辅助能源汽车　　　　用作蓄电池辅助充电，或者是用于驱动风扇或者是汽车空调。

（3）你认为未来的新能源汽车是哪种形式为主？会受到什么技术条件的制约？

_____
_____
_____
_____
_____

五、纯电动汽车跑起来

1. 结构简单灵活的成人玩具车

（1）填空题。

纯电动汽车的结构主要由_____、_____、_____以及_____等部分组成。除了_____系统，其他部分的功能及其结构组成基本与传统汽车相同。

驱动系统主要由_____、_____和_____系统等组成。

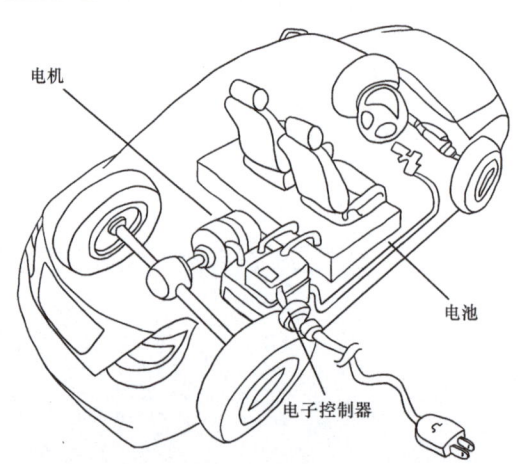

纯电动汽车之所以结构简单，是因为纯电动汽车结构上不需要复杂的_____等机械部件；电动汽车之所以灵活，其能量传递主要是通过柔性的电线传递的，因此，纯电动汽车各部件的布置具有很大的灵活性。

（2）将纯电动汽车驱动系统的几种布置形式与对应的名称用线连接。

（C—离合器　D—差速器　GB—变速器　M—驱动电机　FG—固定速比减速器）

带离合器的传统驱动模式

固定速比减速器的驱动模式

驱动电机与传动同向布置

双电机整体驱动桥式

轮毂电机驱动

轮边电机驱动

（3）根据下图简述纯电动汽车的原理。

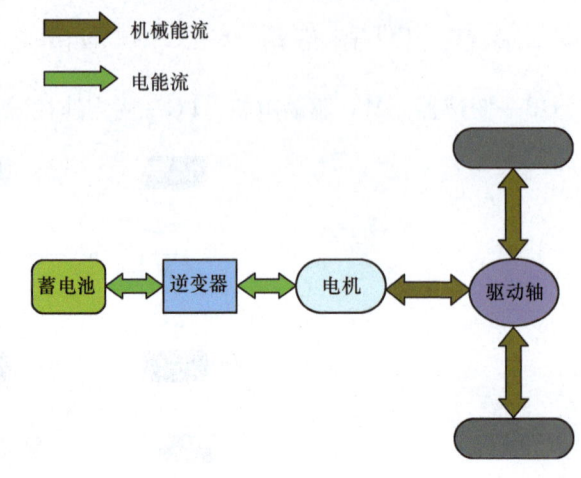

_____
_____
_____
_____
_____

2. 心脏——电机及其控制系统

（1）填空题。

_____就像是传统汽车中的发动机，其主要任务是在驾驶人的控制下高效率的将动力电池存储的电能转化为车轮的动能来驱动车辆。或者在制动时，将车轮上的动能转化为电能，反馈到动力电池中，以实现车辆的制动能量回收。

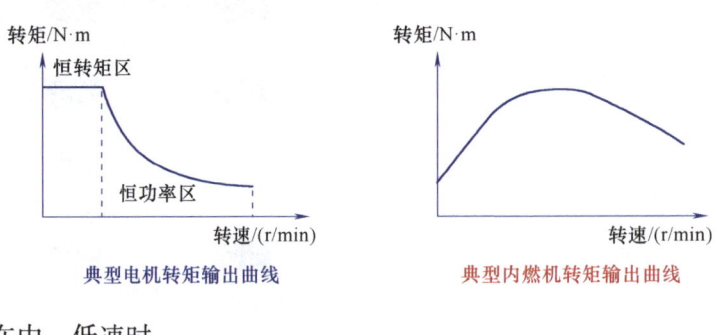

从上图可以看出，在中、低速时，_____。
电机与内燃机在输出功率相近时，电机的优势很明显，_____
_____
_____。
但是纯电动汽车所采用的电机跟一般工业上的机械设备所采用的电机又有很大的不同。

项 目	工业应用电机	汽车应用电机
封装尺寸	空间不受限制,可用标准封装配套各种应用	布置空间有限,必须根据具体产品进行特殊设计
工作环境	环境温度适中(-20~40℃),振动较小	温度变化大(-40~105℃)
可靠性要求	较高,以保证生产效率	很高,以保障乘车者安全
冷却方式	通常为风冷(体积大)	通常为水冷(体积小)
控制性能	多为变频调速控制,动态性能较差	需要精确的力矩控制,动态性能较好
功率密度	较低(0.2kW/kg)	较高(1~1.5kW/kg)
总体性价比	一般	极高:既要性能好,又要价格便宜

_____用于检测和控制电机转速、功率变化和温度等参数,利用这些信息和驾驶人发出的加速踏板、制动踏板命令,将电池提供的直流电压转换成用于控制驱动汽车的交流电压,从而完成对电机驱动转矩和旋转方向的控制。

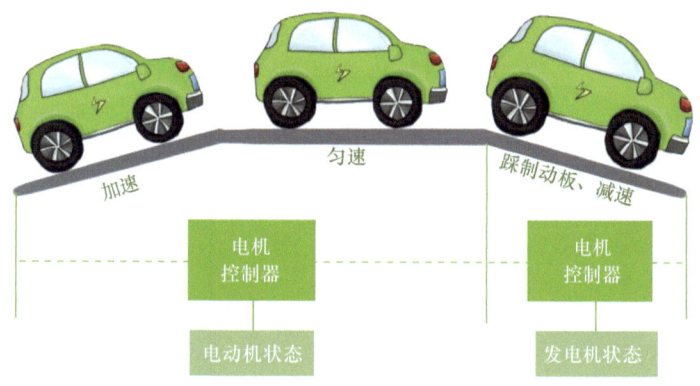

当汽车加速或匀速行驶时,电机控制器使电机工作在_____态,驱动汽车前行。

当驾驶人踩下制动踏板、汽车减速行驶时,电机控制器使电机工作处于_____状态,进行能量回收。

(2)判断题。

1)电机和电机控制器一般不需要冷却。　　　　　　　　　　　　　　　(　)
2)电机控制器控制电机实现电动机和发电机的状态。　　　　　　　　　(　)
3)常用的纯电动汽车电机类型是直流电机。　　　　　　　　　　　　　(　)
4)电机控制器在汽车匀速行驶时不工作。　　　　　　　　　　　　　　(　)

3. 神经中枢——电控系统

（1）填空题。

纯电动汽车_____是电动汽车的大脑，由各个子系统构成，每一个子系统一般由_____、_____、_____、_____、_____、_____和_____组成。在不同类型的纯电动汽车上，电控系统存在一些区别，但总体来说一般都包括能量管理系统、再生制动控制系统、电机驱动控制系统、电动助力转向控制系统以及动力总成控制系统等。各个子系统功能不是简单的叠加，而是综合各子系统功能来控制电动汽车。

（2）下面哪些是纯电动汽车电控系统的功能（　　）。

A. 保证有较高的操纵性和稳定性：依靠电子控制系统，车辆能对驾驶人的操纵及时正确地给予响应，无论在何种速度下都能保证车辆的操纵性和稳定性。

B. 车辆行驶时的姿态控制：控制车辆在转向、制动和加速时的侧倾、纵倾等运动，以保证驾驶人有最舒适的车辆水平位置。

C. 自适应操纵系统：当作用在车辆上的惯性力超过轮胎与路面间的牵引力极限时，控制系统应能自动地给予转向、制动或加速，以避免车辆进入危险状态。

D. 控制发动机在最佳工况下工作。

_____

（3）简述汽车上的CAN总线的工作原理。

_____
_____
_____
_____
_____

（4）简述汽车上的LIN总线的工作原理。

_____
_____
_____
_____
_____

4. 速度控制其实比你想的要容易

（1）填空题。

与燃油汽车变速时复杂的档位变化不同，纯电动汽车的变速就和收音机音量调节一样，调节制动和加速踏板类似于音量调节按钮，改变电能大小进行速度调节。

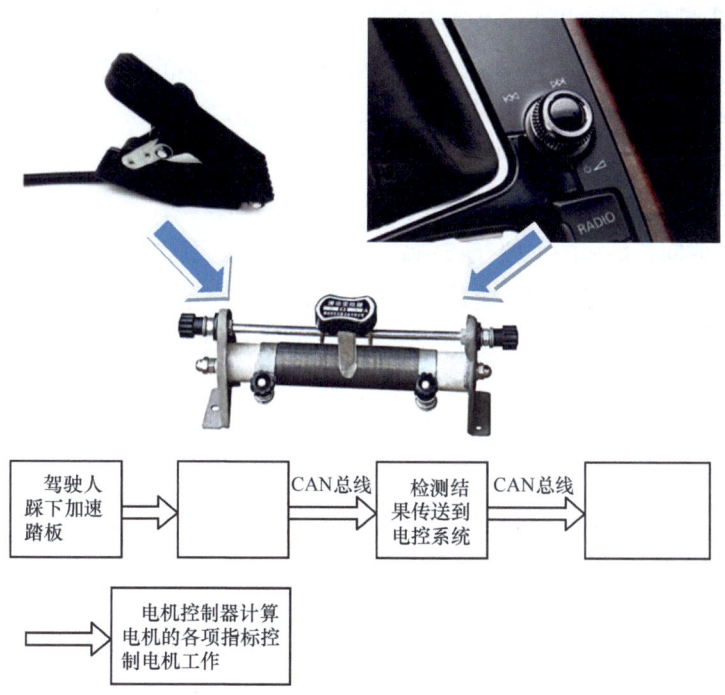

在踩_____和_____时，改变电阻和电流的大小，通过这样的电能形式在汽车的内部各控制系统中进行信息传递。

纯电动汽车从静止到起步行驶只有一个简单的动作：将加速踏板一踩到底。

（2）判断题。

1）纯电动汽车踩制动时，电机由电动机变为发电机。（　　）

2）纯电动汽车加速时，不需要换档。（　　）

3）纯电动汽车在进行速度控制时，是靠改变电机的电流大小来实现的。（　　）

（3）阅读下面文字，简述纯电动汽车与传统燃油自动档汽车速度控制的区别。

开自动档车时，经常会使用 D 位走完全程，期间只会在停车时用 N 位、R 位和 P 位，至于其余的档位形同虚设，这对汽车的动力性、经济性和安全性都是不利的。

现在许多自动档的汽车都设有"限制档"，即"1""2""3""4"等一些档位，其功能是限制自动变速器的换档时机，以实现发动机转速持续提升的目的，有利于发动机功率和转矩的输出。比如：使用"限制 1 档"，当发动机的转速和车速增加时，自动变速器不会随之升高档位（具有发动机超转速保护功能的自动变速器在发动机超转速时除外），而使用"限制2档"时，自动变速器只能在1、2档之间转换，其余类推。正因为"限制档"的特殊功能，所以运用"限制档"常会给人以驾驶手动档车的类似感觉，车的动力性更易于表现，因此也有一部分人称"限制档"为"运动档"。特别是在需要急加速（如超车）时，将"D"位转换为"3"档，可以令自动档车普遍存在的"加速踏板滞后"感得以明显改善。运用"限制档"的另一个作用是利用发动机的牵制力控制车速。在连续长时间长距离的下坡（特别是下陡坡时），运用"限制档"可以增加汽车的安全性，减少制动次数，避免制动蹄片过热而导致制动效果衰减。"限制档"的另一个用途是在需要转矩时运用。当车轮陷在泥泞坑洼中，或者是在上坡时，使用"限制档"会使车显得更合人意一些。

_____
_____
_____
_____
_____
_____

5. 制动还能充电

（1）填空题。

燃油汽车在_____或者_____时，车辆的运动能量通过制动系统摩擦转变为_____，向大气中释放。

当踩制动踏板减速时，汽车的惯性使得_____（此时已经成为_____）转动并为蓄电池充电。使得这种被浪费掉的_____转变为_____补充给电动汽车，实现了_____。

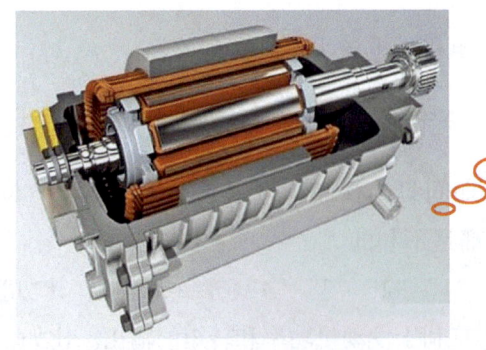

不要以为我只是电动机哟。我其实既是电动机，又是发电机。

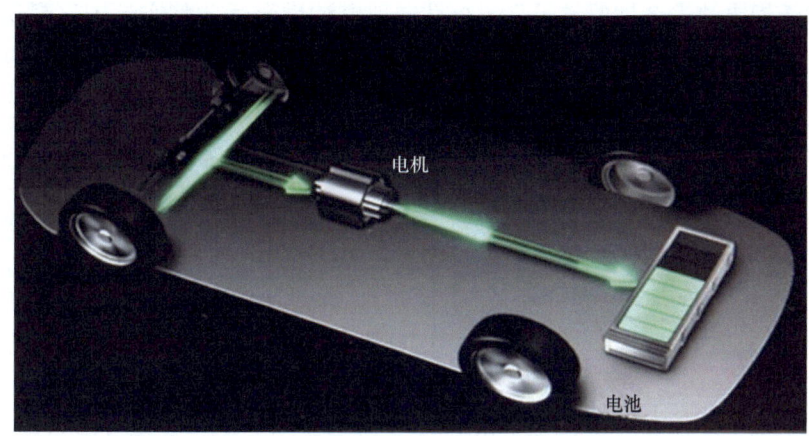

制动能量回收系统回收车辆在制动或惯性滑行中释放出的多余能量,并通过发电机将其转化为电能,再储存在蓄电池中,用于之后的加速行驶。

(2)判断题。

1)纯电动汽车制动时电机会发电。( )
2)纯电动汽车制动时多余的能量给动力电池充电。( )
3)纯电动汽车与传统燃油汽车制动相比要环保。( )

6. 能量源——动力电池

(1)填空题。

动力电池是纯电动汽车的核心部件之一。纯电动汽车跑的远不远,受_____的性能直接的影响。

电池容量30.4kW·h行驶里程200km

电池容量24kW·h行驶里程180km

现在常用动力电池有_____、_____和_____。
钴酸锂电池——并不适合做动力电池
① 请在方框内填写图中车型所对应使用电池的特点。

特斯拉roadster

数码电子产品对于锂电池安全性要求不高,故钴酸锂电池最合适的其实是3C领域,特斯拉敢于使用此类电池也是为了得到超强的续航能力,但同时其安全性能要打些折扣。

锰酸锂电池——市场占有率最大

日产-聆风

锰酸锂电池因其不偏不倚的特征赢得动力电池最大的市场占有率,虽然其能量密度不如钴酸锂和三元锂,但其他综合性能相当出色!

可以看出不管是哪种锂电池,其在市场上都有厂商在使用,因为其各自的优缺点都很明显。但是因为在能量密度上三元锂电池有很大的优势,这是决定电池容量很重要的指标,因此三元锂电池在市场上越来越受到各大厂商的青睐。

三元锂电池——冉冉升起的新星

特斯拉-model S

如果说国内把锂电池的发展重心放在了磷酸铁锂上,国际上动力锂电池行业的新星非三元锂电池莫属。其比钴酸锂有更高的能量密度且成本低于钴酸锂,安全性也好于钴酸锂。

② 请对比四种电池的优缺点,填入圆形框内

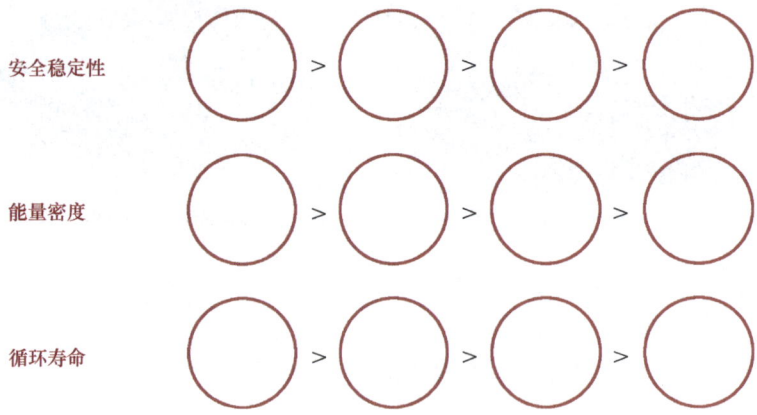

(2)阅读下表回答问题。

现在常见的锂离子电池为钴酸锂、锰酸锂、三元材料和磷酸铁锂。

下表列出了四类锂离子电池的主要性能指标。

	钴 酸 锂	锰 酸 锂	三 元 锂	磷酸铁锂
正极材料稳定性	180℃分解	分解温度高于钴酸锂	分解温度高于钴酸锂	600℃仍稳定
循环寿命	最短	一般	短	最长
容量/(W·h/kg)	150～160	100～110	150～200	100左右
价格	中	最低	低	低

1）动力电池的类型中，那种动力电池最有发展潜力？为什么？
___
___

2）锂电池的类型中，现在使用较多得是哪种？
___
___

3）三元材料锂电池与磷酸铁锂电池各自的特点是什么。
___
___
___

7. 能量收取自如的电池管理系统

（1）填空题。

BMS 是 Battery Management System 的第一个字母简称的组合，称之为_____。它是连接车载动力电池和电动汽车的重要纽带，一般由各种传感器（用于测量电池电压、电流和温度等）和一个带微处理器的控制单元等部件组成。其主要功能包括：电池物理参数实时监测，电池状态估计，在线诊断与预警，充、放电与预充控制，均衡管理和热管理等。

 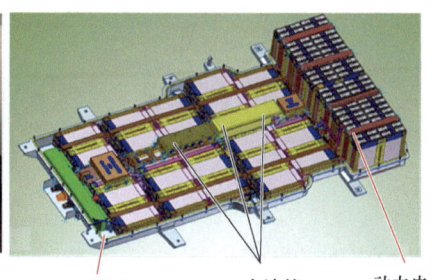

动力电池箱　　电池管理系统　　动力电池模组

纯电动汽车是把大量的单个电池通过_____和_____的方式组成电池组，形成能输出高压电、大电流的电源，加上汽车的运行环境多变，因此对_____要求很高。

_____的作用相当于动力电池的大脑，它不仅要保证电池安全可靠地使用，而且要充分发挥电池的能力和延长使用寿命，作为电池和整车控制器以及驾驶人沟通的桥梁，通过控制接触器控制动力电池组的充放电，并向整车控制器提供动力电池系统的基本参数及故障信息。

1）监控与_____自身安全运行相关的状态参数，如_____、_____、_____。

2）报告运行状态参数 SOC（State Of Charge，荷电状态）和 SOH（State Of Health，健康状态），提示_____和_____。

3）电池组工作环境适应性的_____。

4）动力电池充放电管理，避免出现_____、_____和_____现象。

（2）判断题。

1）BMS 能够监控动力电池的剩余电量。（　　）
2）BMS 使动力电池充电时各单个电池体充电均衡。（　　）
3）BMS 能够检测动力电池工作的温度。（　　）
4）BMS 能够防止电池短路。（　　）
5）BMS 能够提高电池组的有效储能。（　　）

8. 没发动机还需要冷却吗

（1）填空题。

纯电动汽车上关键是_____、_____和_____的温度控制，而这三者恰好都会产生热量，如果不及时的进行降温，会对纯电动汽车产生严重的后果。

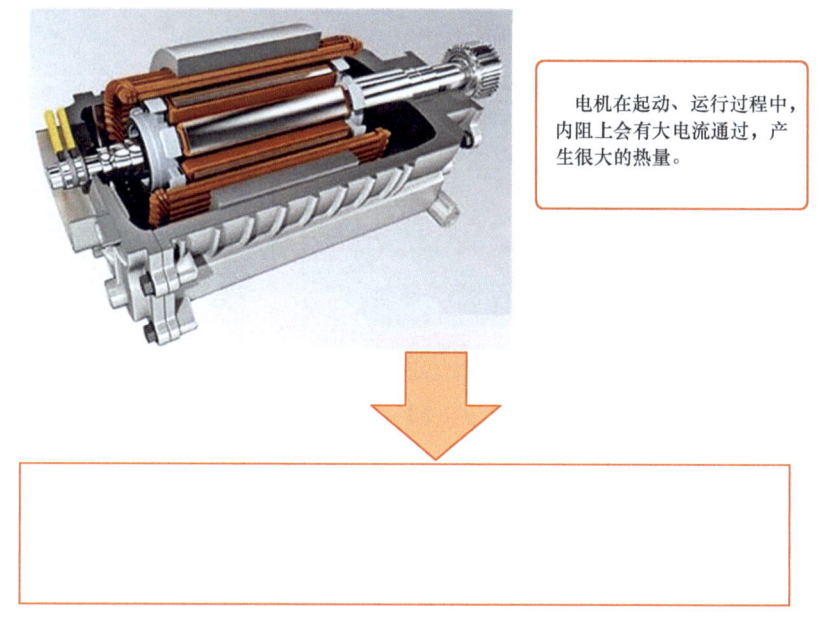

电机在起动、运行过程中，内阻上会有大电流通过，产生很大的热量。

电机的冷却方式有两种：_____和_____，常见的采用_____。

电机冷却系统由两个体系构成：_____和_____。

冷却液在流经电机控制器、电机等热源时，热源通过热传导将热量传递给冷却液。高温冷却液通过电动水泵提供的动力流经散热器时将热量通过热传导传递给散热器芯体，冷却空气通过热对流将热量带走，完成换热过程。

□ → □ → □ → □ → □

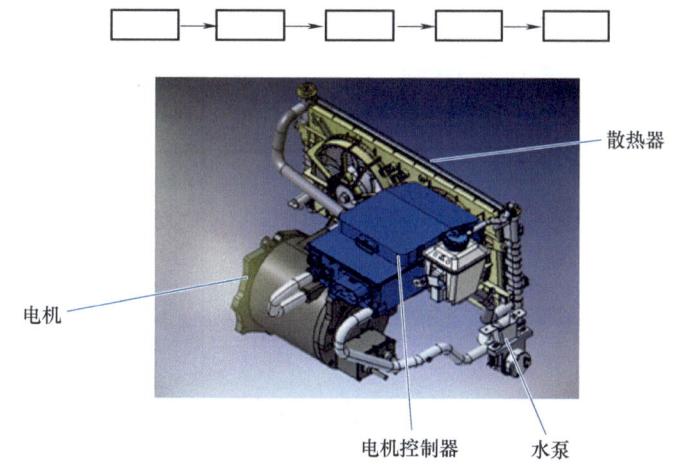

_____在冷却系统中起提高冷却液沸点和提供冷却液加注口两大作用。

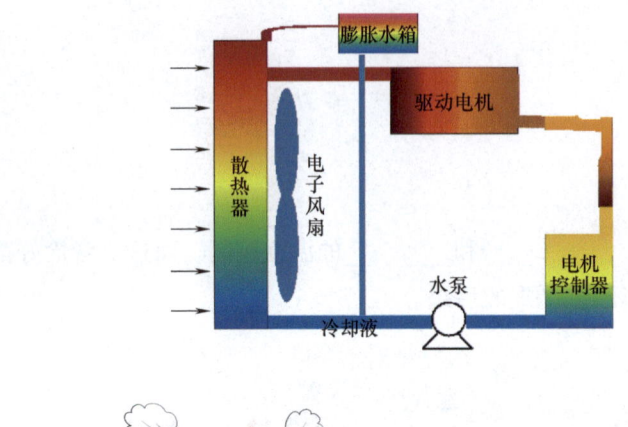

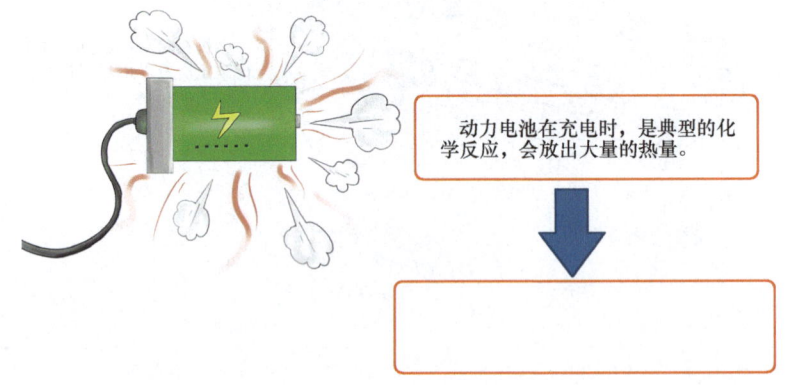

动力电池在充电时,是典型的化学反应,会放出大量的热量。

目前的动力电池组的管理系统主要采用的冷却方法有_____、_____、_____和_____等。

1)气体冷却法。气体冷却法一般采用_____作为传热介质,直接把_____引入动力电池,使其流过动力电池达到散热目的。

常见的几种风冷方式:

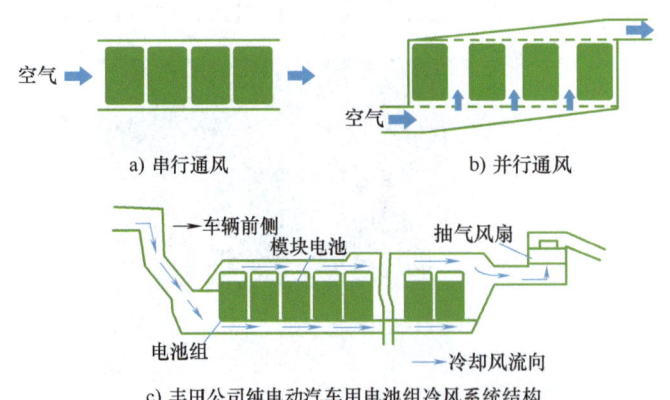

a) 串行通风　　b) 并行通风

c) 丰田公司纯电动汽车用电池组冷风系统结构

_____一般是使空气从电池包一侧流往另外一侧,从而达到带走热量;_____是电池组并排的情况下,空气从每个电池组旁边流出带走热量;丰田公司纯电动汽车风冷系统是气流被引导进入电池包后,被分为若干_____,为电池降温。

2）液体冷却法。液体冷却法以_____为介质的传热，在动力电池组与_____介质之间建立传热通道，比如_____，以_____和_____两种形式进行间接式加热和冷却，传热介质可以采用_____和_____，甚至是_____，也有把动力电池组沉浸在电介质的液体中直接传热，但必须采用绝缘措施以免发生短路。

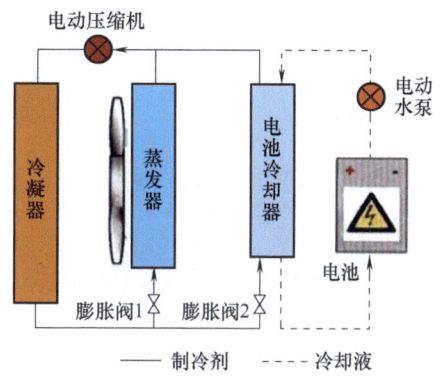

3）相变材料冷却法。近年来在国外和国内出现采用_____（PCM）冷却的动力电池热管理系统，针对动力电池在充电时吸热、放电时放热的特点，在全封闭的动力电池单体之间填充相变材料，靠相变材料的融化或凝固来工作。

4）热管冷却法。T. P. Cotter 等人提出了微型热管和小型热管的动力电池热管理理论，M. S. Wu 等曾用带一个延展板的冷凝管来使镍氢电池组或锂离子电池得到有效散热。

（2）判断题。

1）纯电动汽车上需要冷却的设备只有电机。　　　　　　　　　　　　　　　（　　）
2）纯电动汽车的冷却系统常用风冷方式。　　　　　　　　　　　　　　　　（　　）
3）液体冷却一般采用的介质是水。　　　　　　　　　　　　　　　　　　　（　　）
4）相变材料冷却法一般用于动力电池的冷却。　　　　　　　　　　　　　　（　　）
5）热管冷却法一般用于电机的冷却。　　　　　　　　　　　　　　　　　　（　　）

9.纯电动汽车能可靠驾驭吗

（1）填空题。

纯电动汽车的安全性能要求跟燃油汽车一样，其功能与传统汽车也一致，由于其动力电源和电机的特殊性，需要考虑到特殊的安全性，主要集中在以下几个方面：

1）高能量动力电池系统的安全。
2）高压电器系统带来的潜在触电危险。
3）整车质量重，其机械结构的牢固性和可靠性。
4）大量电力电子系统的电池辐射隐患。

经过实践验证，针对电动汽车的安全性能完全能解决上面的问题，确保驾驶安全。

根据课上的学习,请将下图补充完整。

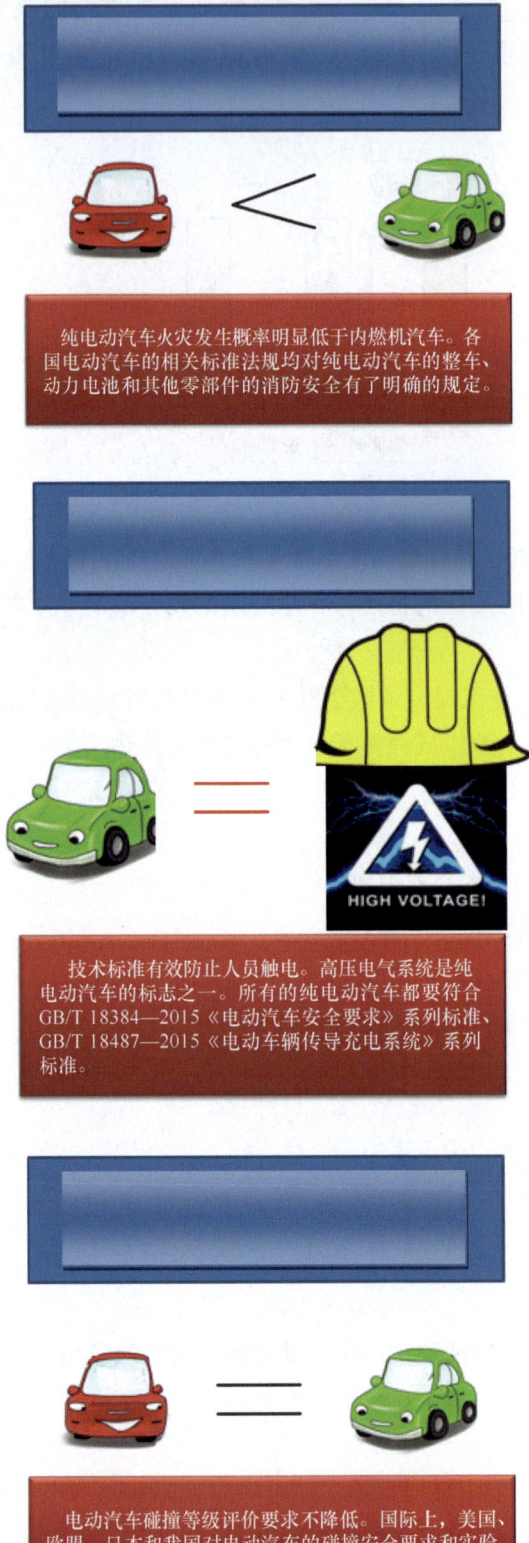

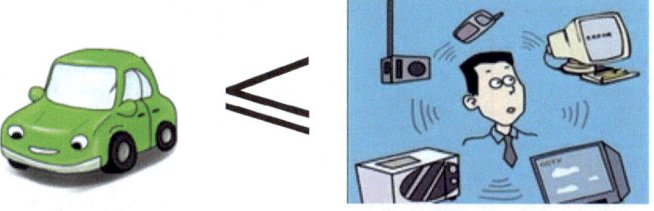

纯电动汽车电池辐射强度与常用家电一样。在欧盟资助下,由挪威科技工业研究所主导,7国科学家共同参与开展针对电动汽车电池安全的全面研究。研究表明电动汽车的磁感应强度与内燃机汽车没有显著差别,测量结果也远远低于国际公认的安全水平。

(2)判断题。

1)纯电动汽车电池管理系统能保证动力电池的使用安全。　　　　　　　　　(　　)
2)纯电动汽车的整体布局更合理,能在保证碰撞时更好地保护驾驶人和乘客。(　　)
3)纯电动汽车上的高压电设备只有驱动电机。　　　　　　　　　　　　　　(　　)

(3)以一辆纯电动汽车为例,指出其主动安全设备与被动安全设备有哪些?

_____
_____
_____
_____
_____

10. 不一样的空调

(1)填空题。

　　纯电动汽车空调制冷采用的制冷剂是_____,一般采用_____系统。该系统的基本原理为,电池组的直流电经逆变器为空调压缩机驱动电动机供电,空调电动机带动压缩机旋转,从而形成制冷循环,产生制冷效果。

　　由于电动汽车空调系统改由高压电带动工作,因此现在的纯电动汽车的空调采用_____加热来提供暖风。

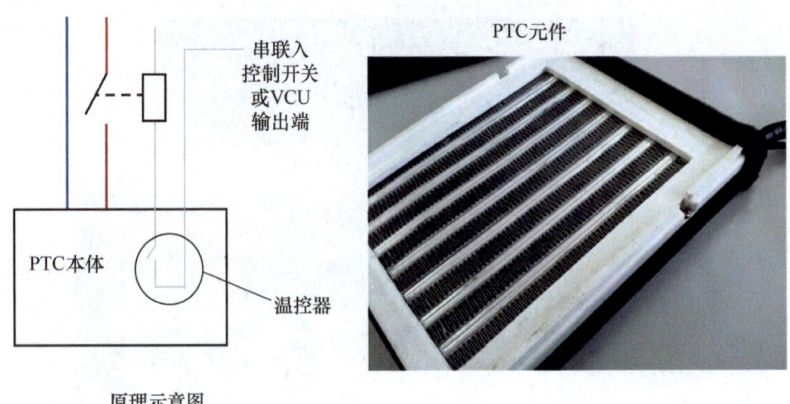

原理示意图

PTC 具有恒温发热特性，其原理是 PTC 通电后自热升温使阻值进入跃变区，恒温加热 PTC 热敏电阻，其表面温度将保持恒定值，该温度只与 PTC 热敏电阻的居里温度和外加电压有关，而与环境温度基本无关。

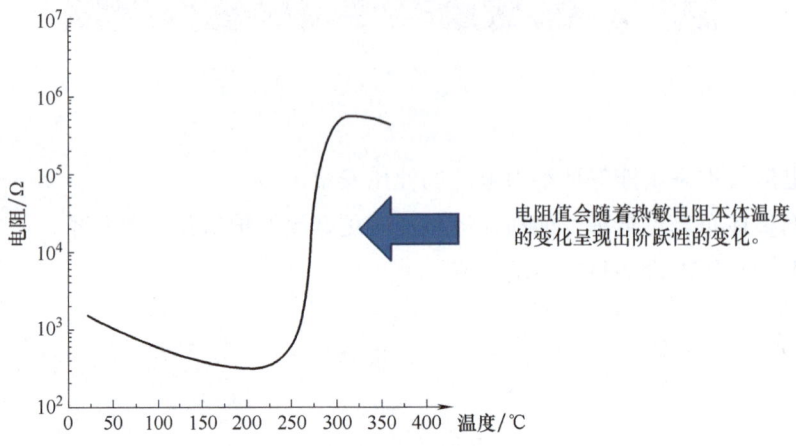

电阻值会随着热敏电阻本体温度的变化呈现出阶跃性的变化。

纯电动汽车上 PTC 加热方式的优缺点

产热方式	优 势	不 足
PTC 电加热（包括 PTC 加热水）		

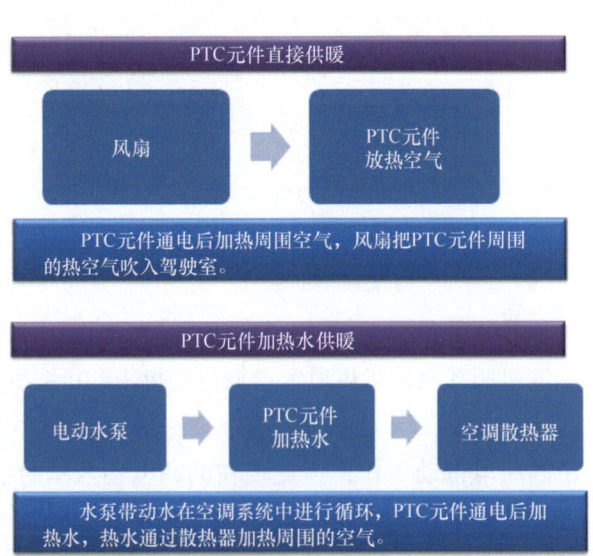

（2）根据下图，简述纯电动汽车空调制冷的基本工作过程。

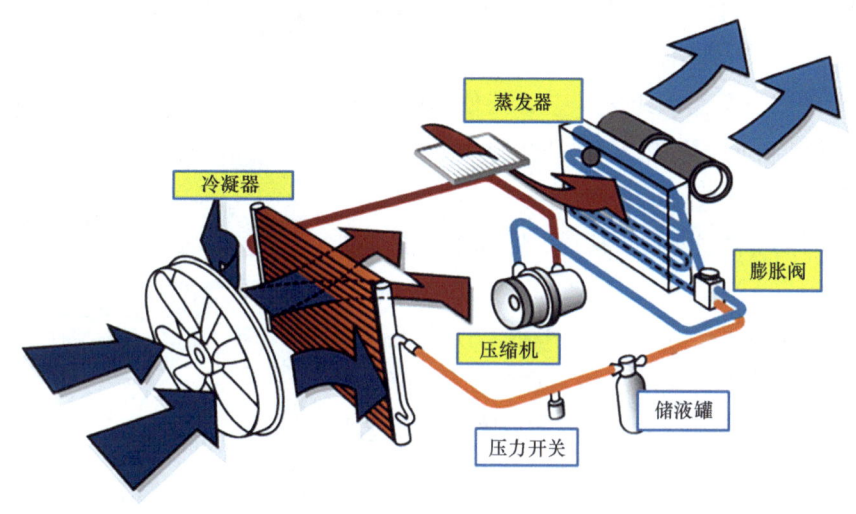

_____
_____
_____
_____

（3）判断题。

1）纯电动汽车制冷的方式与传统燃油汽车相同。（   ）
2）纯电动汽车供暖的方式与传统燃油汽车相同。（   ）
3）常见的纯电动汽车的供暖方式有两种。（   ）
4）纯电动汽车的供暖方式消耗电能，制冷方式不消耗电能。（   ）

11. 精品 A0 级轿车北汽 EV200

别看我个头不大，可是我的能量很强，我采用的是三元锂电池，储能强，续航里程长，在同级别的电动车里是很厉害的呦！

（1）填空题。

北汽 EV200 采用先进的材料和工艺使其拥有高达_____的储电量，相较于同级别其他品牌电动汽车 20～25kW·h 的电量，有着明显的优势。综合路况下，EV200 的续航里程超过_____km，经济模式下，可达_____km。

在使用寿命方面，同样是具备绝对竞争力的车型。专业测试结果显示，在满充满放超过_____次后，衰减率小于_____，确保10年使用无忧。正常使用情况下，总行驶里程高达_____万km，可以放心使用。

EV200 的电池组采用了全封闭组装工艺，能使 EV200 在_____的深水中行驶半小时而安然无恙。同时，EV200 具有独特的动力电池底盘保护舱技术，能使动力电池安全置于_____，即使车辆发生严重碰撞，电池组也能确保安全无忧。

北汽 EV200 电池管理系统（BMS）的作用不仅能保证电池安全可靠地使用，还充分发挥电池的能力和延长使用寿命，并向_____上报动力电池系统的基本情况和故障。其功能主要是检测动力系统的_____、_____及_____，实现对其过电压、欠电压、过电流、过高温和过低温保护，继电器控制、SOC 估算、充放电管理、均衡控制、故障报警及处理，与其他控制器通信等，同时还有_____功能和_____功能。

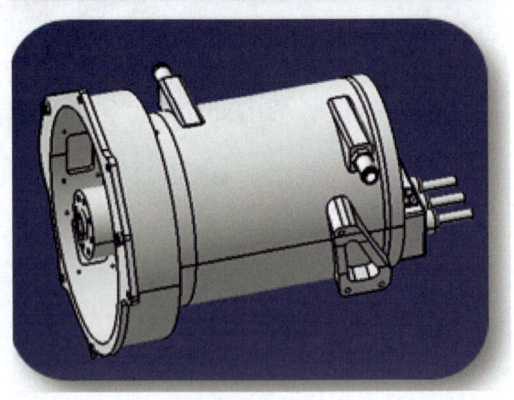

在动力方面，北汽 EV200 搭载的电机额定功率为_____，最大功率为_____，额定转矩为_____，最大转矩为_____。最高车速可达_____km/h，同时 0～100km 最快加速仅为_____s。

（2）请把对应的 EV200 的充电方式用线连接。

220 伏家用电源插座充电

慢充桩，6~8h 充满

快充桩，1h 充满

移动充电车

（3）请描述 EV200 车型上有哪些智能化的设备让你印象深刻？

_____
_____
_____
_____
_____
_____
_____

六、油电混合动力汽车在路上

1. 混合动力复杂吗

（1）填空题。

混合动力汽车是指拥有_____动力源，现在混合动力汽车多半是指采用_____和_____作为动力源，并混合使用两种动力源的汽车。使用的内燃机既有_____又有_____，因此可以使用传统汽油或者柴油，也有的发动机经过改造使用其他替代燃料，如压缩天然气、丙烷和乙醇燃料等。使用的电力系统中包括高效强化的电动机、发电机和蓄电池。

混合动力系统的主要部件有_____、_____、_____和混合动力控制系统。

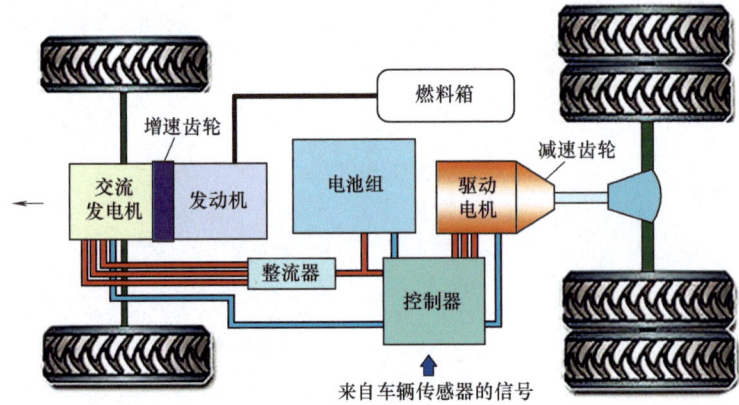

1）发动机。

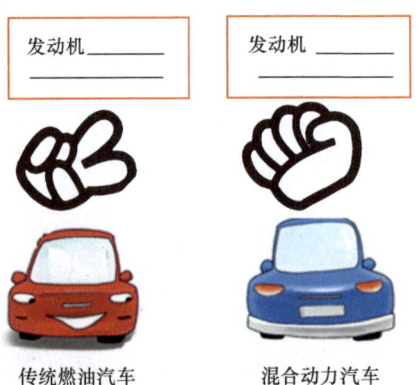

发动机_____　　发动机_____

传统燃油汽车　　混合动力汽车

混合动力汽车的工作与传统汽车有所不同，混合动力汽车中的发动机大部分时间以高功率运转，而不需频繁改变功率输出。混合动力汽车可以广泛地采用四冲程内燃机（包括汽油机和柴油机）、二冲程内燃机（包括汽油机和柴油机）、转子发动机、燃气轮机和斯特林发动机等。

2）电机。

混合动力汽车的电机作为辅助动力来降低燃料的消耗和实现低污染，或在纯电动驱动模式时实现"零污染"。混合动力汽车可以采用直流电机、交流感应电机、永磁电机和开关磁阻电机等，现在主要使用后三种电机。

3）电池。

混合动力汽车具有两个蓄电池系统：一个是_____蓄电池系统，它主要是为车上_____提供电压；另一个是_____蓄电池系统。_____蓄电池系统储电量和电压随混合动力系统的要求而变化。混合动力汽车的_____蓄电池从36～600V不等，所有混合动力汽车设计采用_____连接的蓄电池均是为了获取所需的直流电源电压。

4）混合动力控制系统。

在混合动力汽车上普遍地采用以计算机为核心的现代计算机技术和自动控制技术，各种智能控制系统包括自适应控制技术、模糊控制技术（Fuzzy）、专家控制系统（Expert System）和神经网络控制系统（Neural Networks）等。这些技术使混合动力汽车更加安全、节能、环保和舒适。

传统燃油汽车　　　　　混合动力汽车

（2）判断题。

1）混合动力汽车的发动机比传统燃油汽车的燃油利用率高。（　　）
2）混合动力汽车具有高压电设备。（　　）
3）混合动力汽车发动机有时也不工作。（　　）
4）混合动力汽车上的电机是由低压蓄电池供电。（　　）

2. 混合动力汽车动力输出方式

（1）填空题。

HYBRID系统的工作示意图

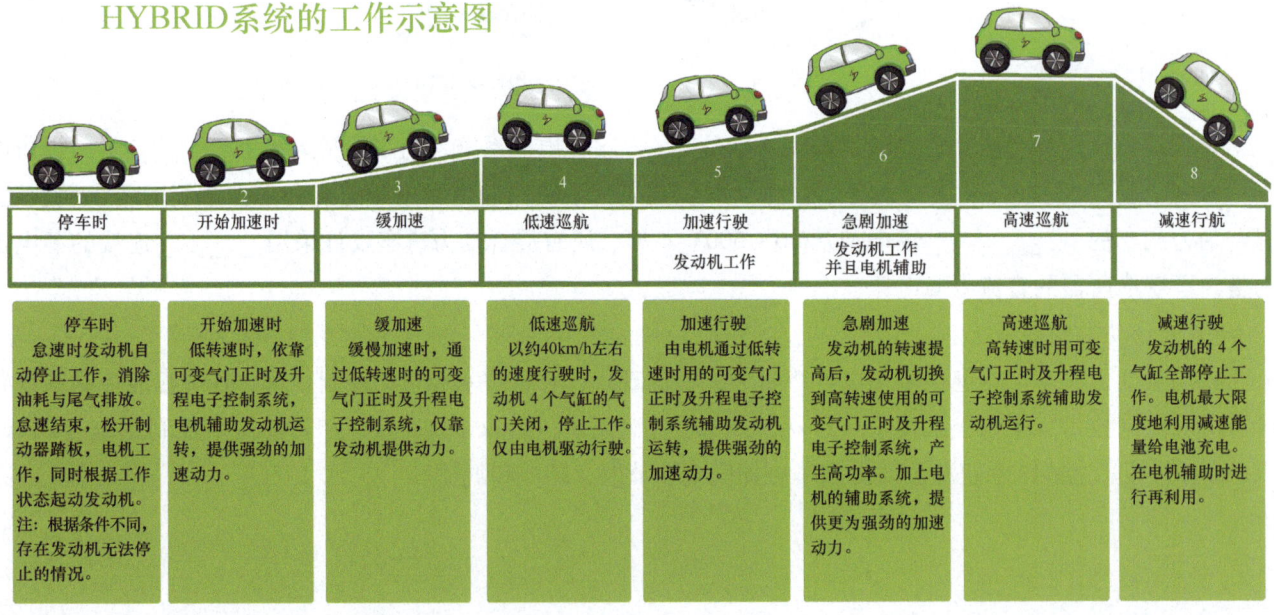

混合动力按照其动力的输出方式可以分为_____、_____以及_____三种。

混合动力汽车在正常行驶过程中，主要依靠_____驱动。而在电量充足的条件下，车辆起动或者低速行驶时，完全依靠_____驱动，但是续航里程极短。随着车速提高发动机开始驱动车辆行驶。当遇到坡道或者急加速时，_____和_____共同驱动车辆行驶。

混合动力汽车的动力电池_____很小，如雷克萨斯CT200h的动力电池容量为6.5A·h，相当于一些强力探照灯的蓄电池，它在纯电模式下最远行驶距离仅为3km。因此，混合动力汽车一般通过_____时回收动能为动力电池充电，或者利用车辆在行驶时_____驱动发电机充电即可，完全不存在纯电动汽车到处找"插座"的困扰。

与普通混合动力汽车相比，插电式混合动力汽车只是_____，能够_____。电动机功率要足够大，确保汽车能够以比较高的速度行驶，一般认为需要大于_____。电池容量也要比混合动力汽车大得多，足以在纯电模式下跑几十公里。

插电式混合动力汽车的百公里综合油耗比混合动力汽车更低，如普锐斯插电版在纯电动模式下可以行驶30km，使得百公里油耗低至2L，比混动版节油约3L（普锐斯混动版和凯美瑞混动版油耗相当）。而且充电时间也不长，一般数小时就可充满。如果能保持良好的充电习惯，用车费用直追纯电动汽车，并且无须担心任何续航问题。

同时，插电式混合动力汽车得益于更大功率的电机辅助，动力性能更加强劲。保时捷918spyder百公里加速时间为2.3s，即使是定位在普通紧凑型车的比亚迪秦，百公里加速也能突破6s。

与普通混合动力汽车、插电式混合动力汽车不同的是，增程式混合动力汽车无论什么情况下，都不能由_____直接驱动车轮行驶，仅能通过电动机驱动。但它也能够像插电式混合动力汽车一样，通过外接电源充电。

增程式混合动力汽车就是用发动机进行_____，_____进行驱动的车辆。当电池组电量充足时采用纯电动模式行驶，而当电量不足时，车内发动机起动，带动发电机为动力电池充电，提供电动机运行的电力（即增程模式）。

由于具有插电式混合动力汽车的外接充电优势，增程式混合动力汽车的纯电续航里程也较长，如宝马i3纯电版续航里程160km，而宝马i3增程版可达300km左右。并且在增程模式下，发动机工作在_____，其_____程度比普通汽车更好，电动机的_____特性也使得车辆的起步和加速性能也较好。而在增程模式下，宝马i3的综合百公里油耗能达到4L左右的水平，起到一定的节能作用。与此同时，增程式混合动力汽车和插电式混合动力汽车一样能够享受国家新能源车补贴政策，但目前只有广汽传祺研发增程式混合动力汽车。

而且，由于发动机不能协同电动机一起驱动汽车，增程式混合动力汽车在_____的动力表现性能远不及普通混合动力汽车和插电式混合动力汽车，比起普通汽车也仅有_____和加速上的优势而已。

（2）判断题。

1）混合动力系统可以分为微混、轻混、中混、完全混合四类。　　　　　　　　（　　）
2）混合动力中的完全混合系统的电动机最大功率和发动机的最大功率比大于40%。（　　）
3）微混动力系统为电机提供持续的动力。　　　　　　　　　　　　　　　　　（　　）
4）轻混动力系统中电动机最大功率和发动机的最大功率比为15%~40%。　　　（　　）

（3）把名称与对应的形式连线。

普通混合动力汽车

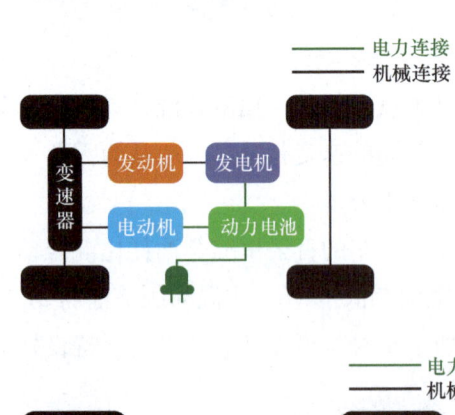

插电式混合动力汽车

增程式混合动力汽车

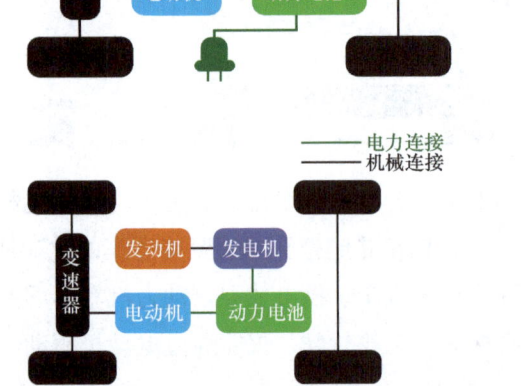

（4）请对比普通、插电式、增程式混合动力汽车输出形式的优缺点。

___

3. 混合动力汽车的典型结构

（1）填空题。

混合动力汽车的结构形式分为_____、_____以及_____三种，其中增程式混合动力只能是_____结构，而_____和_____既可以应用于普通混合动力汽车，也可以应用于插电式混合动力汽车。

1）串联式结构。串联式结构，顾名思义就是发动机和电动机"串"在一条动力传输路径上。串联式结构最大的特点就是_____。

串联式结构是混合动力汽车中结构最为简单的，整体结构相当于纯电动汽车加个汽油发动机，它取消了普通汽车的变速器，结构布置也更加灵活。

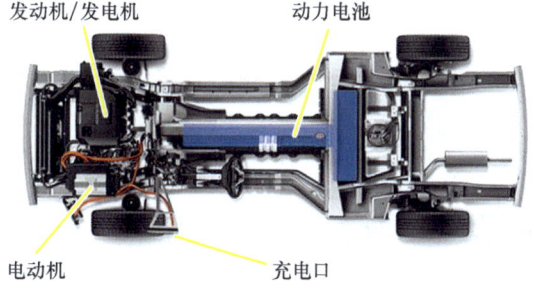

但是，发动机的动能需要经过_____才能为电动机供电，会造成较大的能量损失，使得串联式结构在跑高速时油耗更高。如雪佛兰VOLT，普通1.4L发动机在高速巡航下百公里耗油6L左右，而VOLT却达到了6.4L。

2）并联式结构。并联式结构是在普通汽车的基础上加装一套_____系统（即_____和_____驱动系统），发动机和电动机都能_____驱动车轮，也可以_____，_____驱动汽车，当动力电池电量不足时，发动机还能带动_____反转为电池充电。

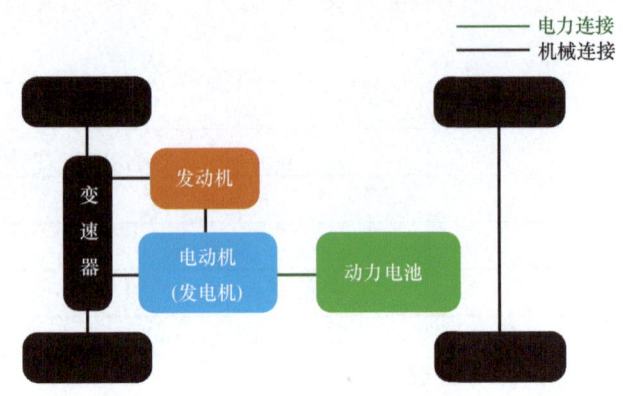

并联式结构靠发动机、电动机或者它们两者共同驱动，保留了_____，因此可以简单地理解为：普通汽车 + 电动机 = 并联式结构。

3）混联式结构。在并联式结构的基础上再加入一个_____，就是混联式结构，即普通汽车 + 电动机 + _____ = 混联式结构。但它没有_____，通常是一种"ECVT"的行星齿轮结构的耦合单元替代了变速器，起到连接、切换两种动力以及_____的作用。也有一些厂家在混联式结构中使用普通的变速器，如双离合变速器、无级变速器（CVT）等，但是效果远不及这种ECVT变速结构。

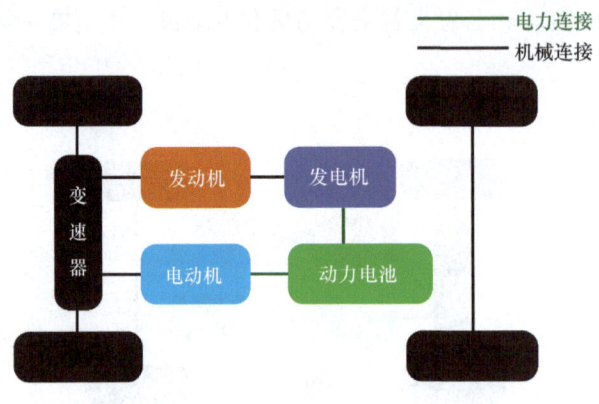

而混联式结构在发动机和电动机协同驱动汽车行驶的同时，发动机还能带动_____为电池充电，并且理论上它能够实现发动机带动发电机发电，电动机驱动汽车的模式。当然，两个动力单元也能够单独驱动车辆。

（2）简述三种结构的特点和优缺点。

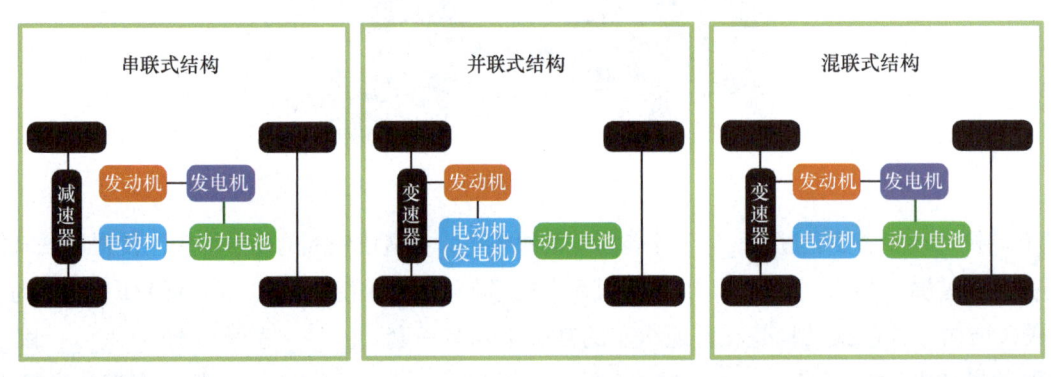

4. 动力系统如何协调

（1）填空题。

不同结构的混合动力汽车，其动力系统的协调工作方式也不一样。

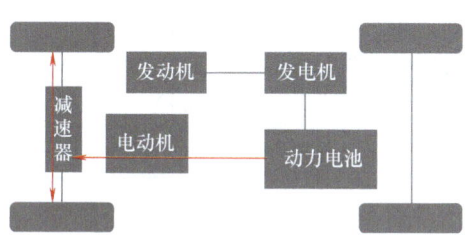

串联式结构驱动模式简图

串联式结构的驱动模式单一，只有_____模式，同时发动机工作在高效区，在一般的中低速城市路况，串联式混合动力汽车的油耗相对普通汽车更客观，大约节油_____左右，并且方便驾驶人操作。

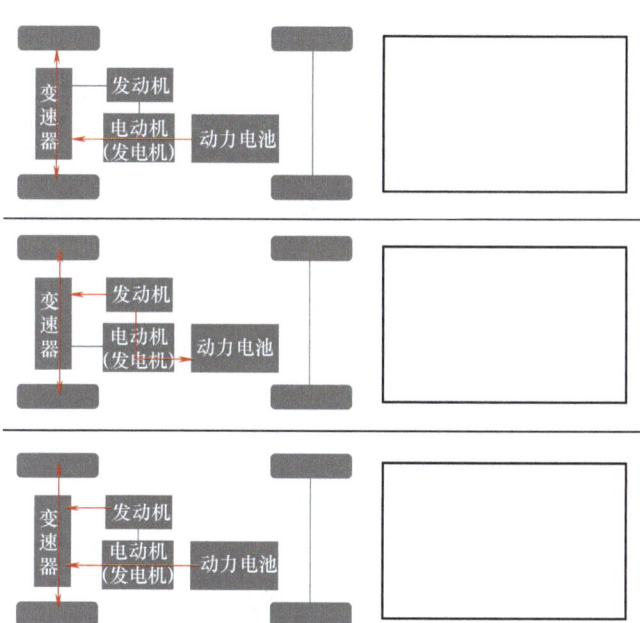

并联式结构驱动模式简图

与串联不同的是，并联式结构中发动机和电动机可以同时驱动汽车，其动力性能更加优越，比亚迪秦的1.5T发动机和电动机功率相加后为220.5kW，相当于奥迪A6的3.0T发动机。其次，并联混合动力车型的驱动模式较多，可以适应多种工况，发动机能够在中高速运行时单独驱动汽车，无须进行能源的二次转换，因此其综合油耗也会更低。

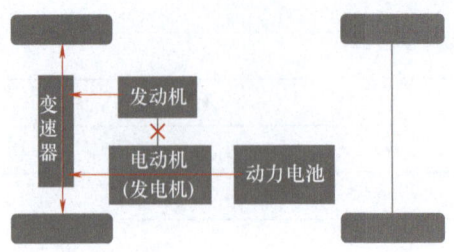

并联式结构最显著的缺点是：_____
_____。

并联式混合动力汽车制造成本相对会高一点，驱动模式多，含有纯油模式、纯电模式、混合模式等，不同厂家的命名标识都不尽相同。

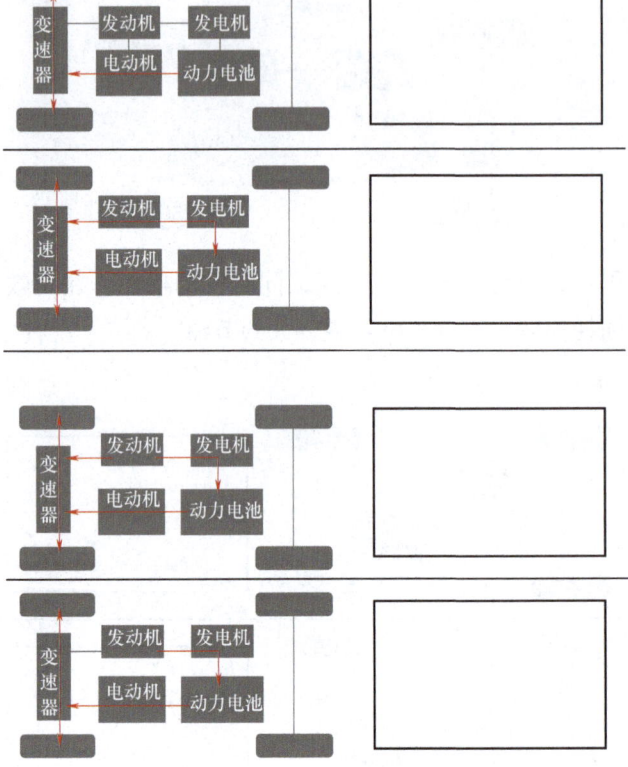

混联式结构驱动模式简图

（2）判断题。

1）串联式结构中发动机与电机分别能驱动汽车行驶。　　　　　　　　　　　　（　　）
2）混联式结构中发动机只能给动力电池供电。　　　　　　　　　　　　　　　（　　）
3）并联式结构中发动机与电机能够同时驱动汽车行驶。　　　　　　　　　　　（　　）
4）混联式结构中电动机能够给动力电池充电。　　　　　　　　　　　　　　　（　　）

5. 如何掌控混合动力系统

（1）填空题。

1）混合动力汽车控制系统的功能。

2）混合动力汽车控制系统的组成部分。

① 控制系统由_____、_____和_____共同组成。
② 发动机及其驱动系统，以及发动机和发动机驱动系统的控制系统。
③ 电动机及其驱动系统，以及电动机和电动机驱动系统的控制系统。
④ 信号反馈及检测装置，包括各种信号检测装置、显示装置和自诊断系统等。

混合动力汽车相对于燃油汽车来说，其动力驱动有_____套，可以_____工作也可以_____工作，相对燃油汽车来说，其驱动性能上的优势很明显，可以想到具有两套系统的可靠性比一套系统的要高。

同时有标准约束来提升混合动力汽车的安全性。所有生产的混合动力汽车都必须满足 GB/T 19751—2005《_____》。

隶属于美国公路安全保险协会的高速公路损失数据研究所（HLDI）曾发布报告称，混合动力车在撞车事故中受损概率比非混合动力车低 25%。

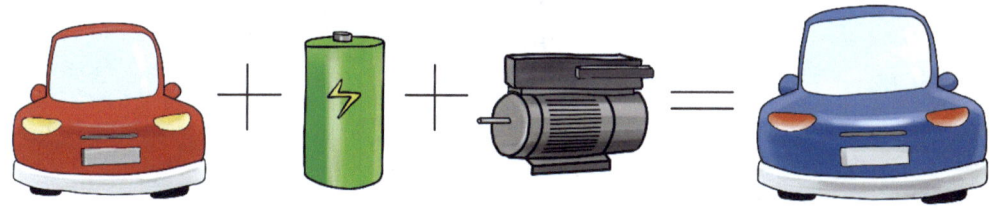

其中的重要因素就是混合动力车平均比标准的普通汽车重_____。

(2) 简述混合动力汽车在驾驶过程中与燃油汽车的不同。

_____
_____
_____

6. 销量之王丰田普锐斯

(1) 填空题。

第四代普锐斯变速器采用 E-CVT 变速系统，驱动电机的减速机构，采用了平行轴齿轮，这就相当于 MG1 电机、MG2 电机肩并肩横向布置。齿轮及接触面减少，动力系统的损耗也降低不少。并且为驾驶人提供了四种模式：_____模式，_____模式允许驾驶人在低速状态下单纯依靠电力行驶约

1.6km；_____模式提高加速踏板灵敏度，使得驾驶感向跑车趋近；_____模式可以帮助驾驶人获得最佳的燃油经济性。

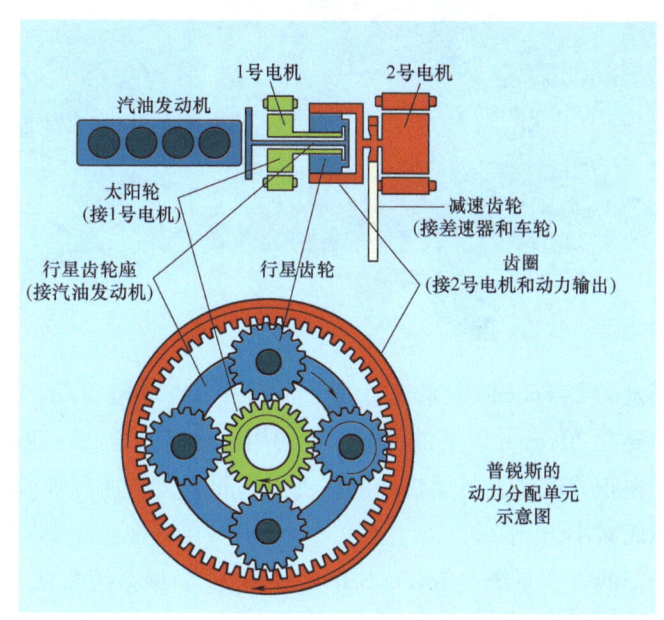

E-CVT 主要由齿圈（连接 2 号电机和输出轴）、行星齿轮架（连接发动机）和太阳齿轮（连接 1 号电机）组成，动力传递为：_____，同时由于行星齿轮组的存在，同时有：_____。

在整个普锐斯的行驶过程中，两个电机和发动机互相配合，在严密的机电转换逻辑控制下进行线性输出。而这种完美配合的基础就是 E-CVT。因为功率 = 转矩 × 转速，故这种转矩按比例分配而转速又可以无级分配的行星齿轮组结构，使得发动机的动力可以随时随地无级分配给齿圈（即车轮），完成普通步进式变速器的所有功能。

下表为整个过程中 E-CVT 各齿轮的运行状态：

E-CVT 各齿轮各工况运转表

工况	太阳齿轮	行星齿轮	行星架	外齿圈
起动发动机	主动正转		被动正转	
热车	被动正转	反转		停转
	被动反转	正转	停转	正转
混合起步		反转	主动正转	正转
加速	被动正转	反转	主动正转	
	主动反转		主动正转	正转
减速		正转		正转
倒车	被动正转	反转	停转	反转

第四代普锐斯的独立悬架采用四轮独立悬架的设定，后悬架为_____，提高舒适性和操控性能。

在驱动方面，采用新开发的 E-Four 四驱系统，就是前轮采用发动机驱动，后轮采用电动机驱动。这套带后轴电机的四驱技术，主要在 20km/h 以下的低速区域使用，车速升至 20～30km/h 以上的中高速区域后，后轴电机便退出工作。并且在积雪道路上电动机辅助车辆正常起步，增加日常行驶的稳定性。同时它的行李箱容量并没有因为增加四驱而减小。

新普锐斯使用了丰田最新的安全系统"Toyota Safety Sense P"，该系统集成了_____、_____、_____以及_____等高科技配置。同时，该系统利用微波雷达和摄像机，不光可以识别车辆还可以识别行人，可有效避免碰撞。

（2）根据下图简述普锐斯的工作原理。

_____
_____
_____
_____

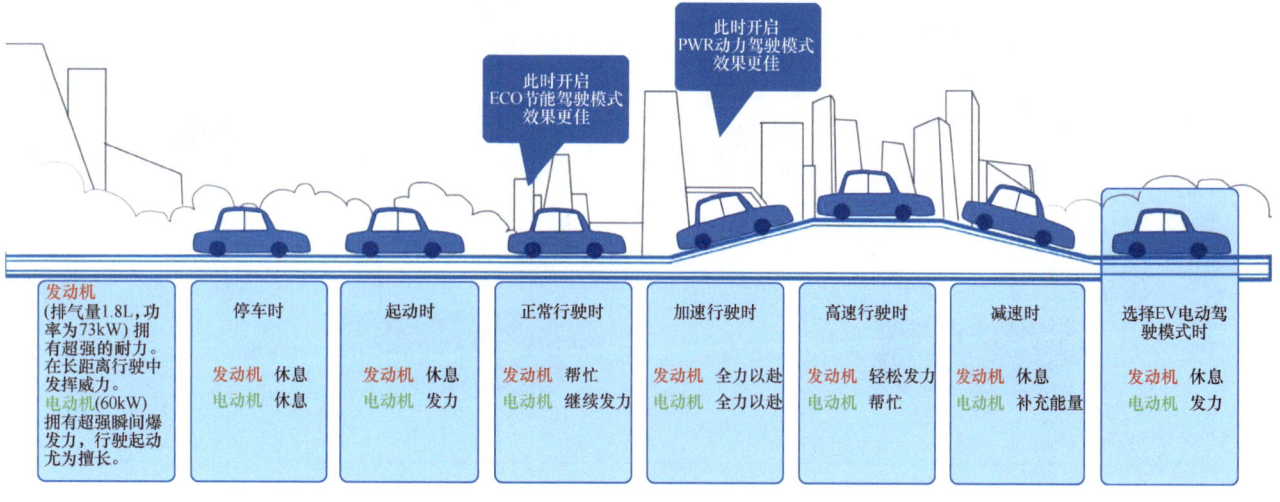

(3) 简述 E-CVT 的变速过程。

1）怠速运转（热车）。

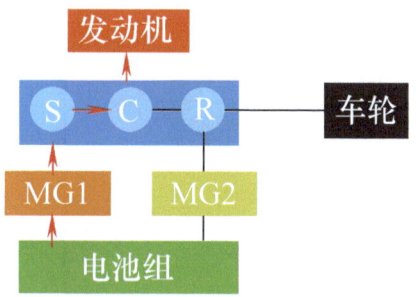

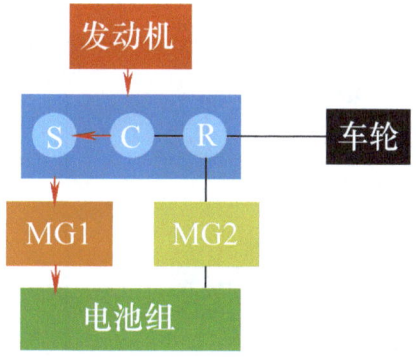

2)起步。

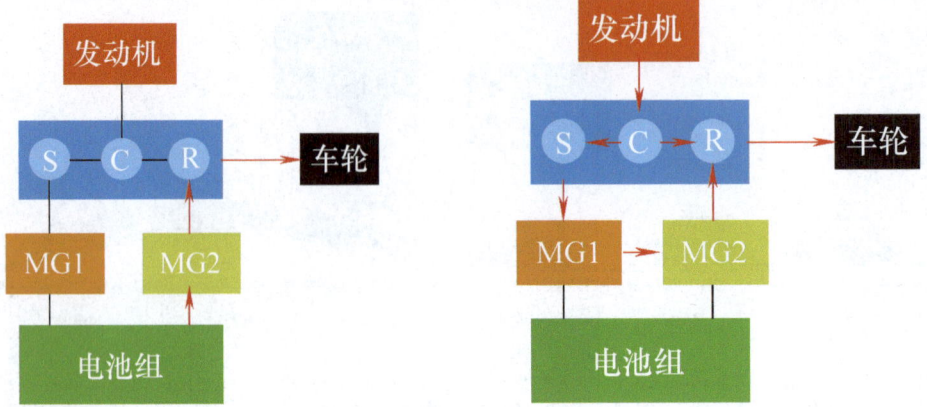

3)小负荷加速。

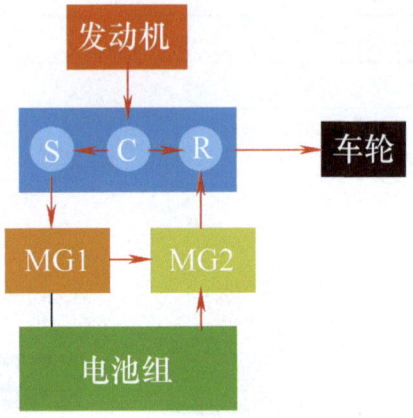

4)大负荷加速。

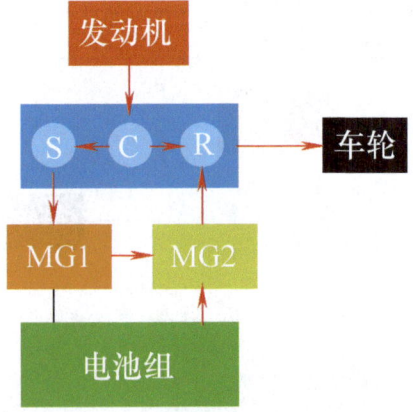

5）匀速行驶。

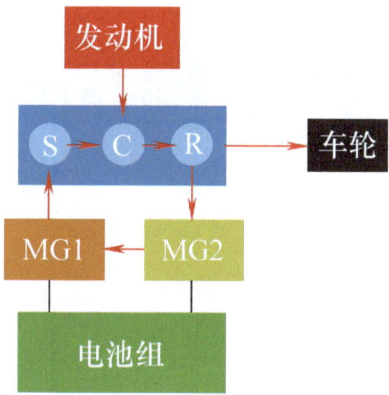

6）减速。

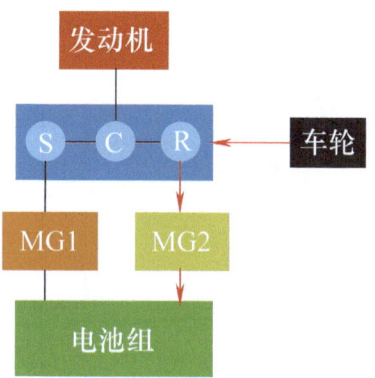

7）倒车。

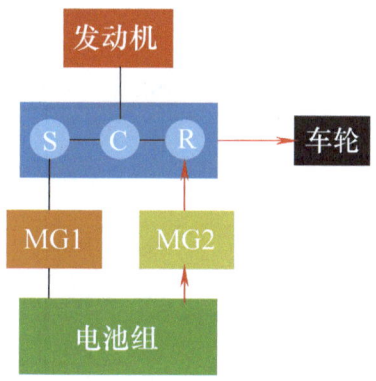

七、燃料电池汽车的闪亮登场

1. 燃料电池电动汽车的类型

（1）填空题。

燃料电池的种类繁多，通常可以依据其_____、_____、_____和_____进行分类。

按燃料状态分类
- 液体型
- 气体型

按工作温度分类
- 低温型
- 中温型
- 高温型

按燃料来源分类
- 直接式燃料电池：燃料直接使用氢气。
- 间接式燃料电池：其燃料是通过某种方法把氢气(H_2)、甲烷(CH_4)、甲醇(CH_3OH)或其他烃类化合物转变成氢或富含氢的混合气供给燃料电池。

按电解质类型分类
- 碱性燃料电池(AFC)
- 磷酸型燃料电池(PAFC)
- 熔融碳酸盐燃料电池(MCFC)
- 固体氧化物燃料电池(SOFC)
- 质子交换膜燃料电池(PEMFC)

（2）阅读下面的表格回答问题。

电池类型	操作温度/℃	比功率/(W/kg)	燃料	氧化剂	电解质	起动时间
AFC	50~200	35~105	纯氢	纯氧气	氢氧化钾，有腐蚀，液体	几分钟
PAFC	180~210	120~180	甲醇、天然气、氢气	氧气、空气	磷酸，有腐蚀，液体碳	2~4h
MCFC	630~700	30~40	甲醇、天然气、氢气、煤气	氧气、空气	碳酸锂/碳酸钾，有腐蚀，液体	>10h

（续）

电池类型	操作温度/℃	比功率/(W/kg)	燃料	氧化剂	电解质	起动时间
SOFC	750~1000	15~20	甲醇、天然气、氢气、煤气	氧气、空气	掺钇氧化锆，有腐蚀，液体	>10h
PEMFC	25~100	340~1500	氢气	氧气、空气	磺酸盐聚合体，无腐蚀、固体	几分钟

1）请把上表中电池类型的中文名称写出。

_____
_____
_____

2）上表中的哪种燃料电池类型适用于汽车？为什么？

_____
_____
_____
_____

（3）判断题。

1）燃料电池汽车与燃气动力汽车结构一样。　　　　　　　　　　　（　　）
2）燃料电池汽车的燃料只有氢气。　　　　　　　　　　　　　　　（　　）
3）燃料电池工作过程是化学过程。　　　　　　　　　　　　　　　（　　）
4）燃料电池反应结果产生污染物。　　　　　　　　　　　　　　　（　　）

2. 燃料电池电动汽车组成结构

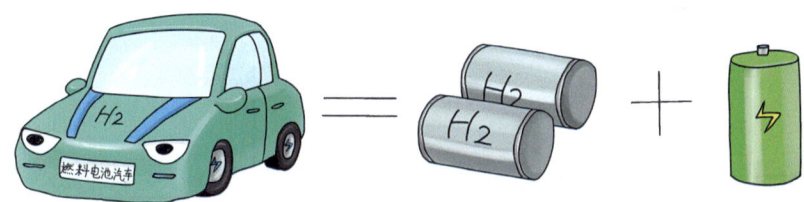

（1）填空题。

燃料电池电动汽车（FCEV）是利用_____产生的电能，并作为主要动力源驱动的汽车。

（2）阅读下面内容回答问题。

燃料电池驱动系统的类型分别有以下几种：

1）燃料电池单独驱动 FCEV。

2)"燃料电池+辅助蓄电池"混合驱动的FCEV。

3)"燃料电池+超级电容"混合驱动的FCEV。

4)"燃料电池+辅助蓄电池+超级电容"混合驱动的FCEV。

目前燃料电池电动汽车动力系统主要是"燃料电池+辅助蓄电池"混合驱动的FCEV。该动力系统结构中,有燃料电池和蓄电池两个动力源。汽车的功率负荷由燃料电池和蓄电池共同承担。即燃料电池和蓄电池一起为驱动电动机提供能量,驱动电动机将电能转化成机械能传给传动系统,从而驱动汽车前进。在燃料电池和蓄电池联合供能时,燃料电池的能量输出变化较为平缓,随时间变化波动较小,而能量需求变化的高频部分由蓄电池分担。在燃料电池系统启动时,蓄电池提供电能用于空压机或鼓风机的工作、电堆的加热、氢气和空气的加湿等。在汽车制动时,驱动电动机变成发电机,蓄电池将储存回馈的能量。

1)用线把对应的驱动系统连接。

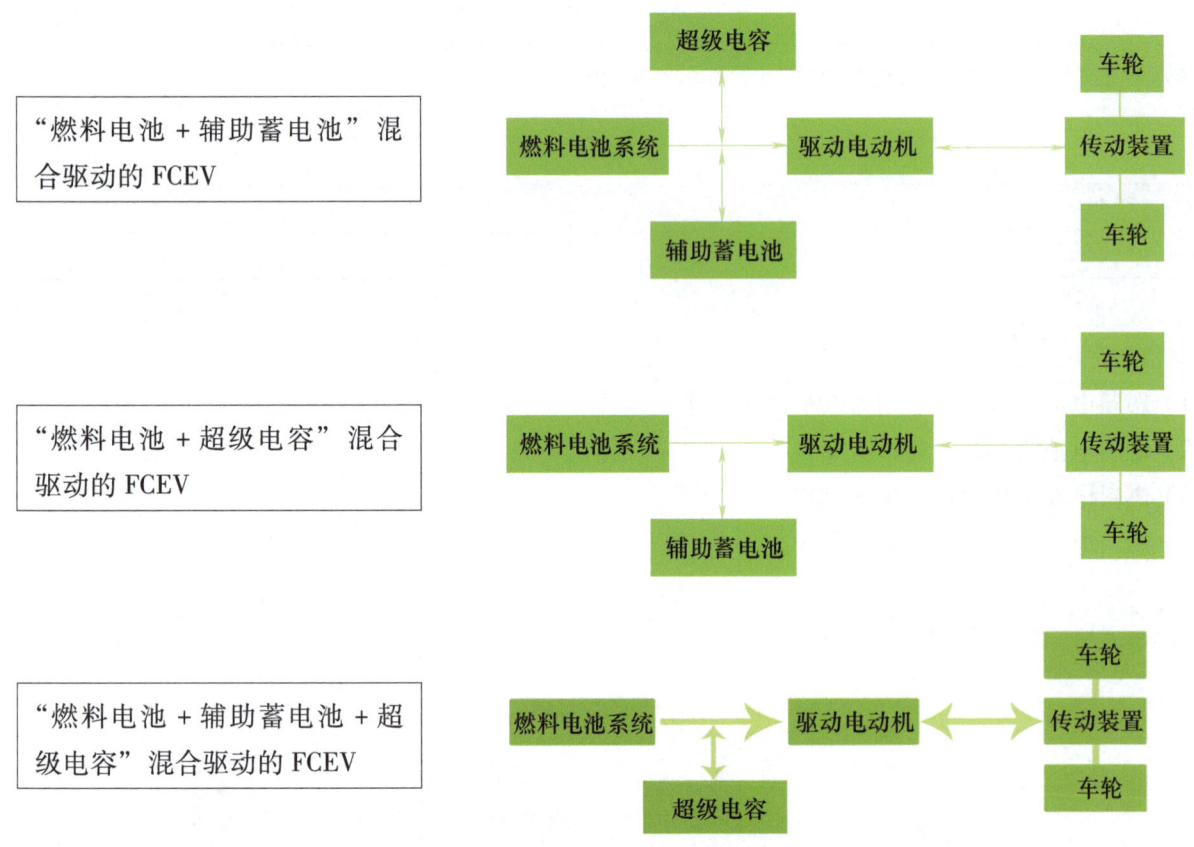

2)根据上面的内容,简述"燃料电池+辅助蓄电池"混合驱动的FCEV和"燃料电池+超级电容"混合驱动的FCEV的区别。

_____
_____
_____
_____
_____

3)燃料电池单独驱动FCEV中燃料电池产生的电能直接驱动电动机工作,电动机通过传动装置驱动汽车运动。

主要优点：
① 结构简单，便于实现系统控制和整体布局。
② 系统部件少，有利于整车的轻量化。
③ 较少的部件使得整体的能量传递效率高。

主要缺点：
① 燃料电池功率大，成本高。
② 对燃料电池系统的动态性能和可靠性提出了很高的要求。
③ 不能进行制动能量回收。

简述燃料电池单独驱动 FCEV 和 "燃料电池 + 辅助蓄电池" 混合驱动的 FCEV 的优缺点。

（3）看下图回答问题。

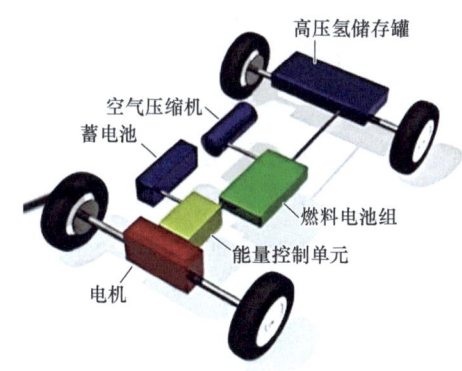

1）上图分别是哪种类型的汽车。

2）这两种类型的汽车在结构上有什么区别。

3）这两种类型的汽车的动力系统有什么区别。

3. 化学能转化为动能效率高

（1）填空题。

氢燃料电池电动汽车的工作原理：_____
_____
_____
_____。燃料电池发出的电，经_____、控制器等装置，给电动机供电，再经传动系统、驱动桥等带动车轮转动，就可使车辆在路上行驶。与传统汽车相比，燃料电池的化学能转化效率高达_____，实际效率已达_____，是普通内燃机的_____倍。燃料电池的燃料是氢和氧，生成物是清洁的水，它本身工作不产生_____和_____，也没有_____和_____排出。

（2）阅读下面的内容回答问题。

　　一辆百分百环保的燃料电池电动汽车，就必须以不造成污染的方式来制造氢气。目前最好的方法是通过电解水来制造氢气，即用电将水分解成氧气和氢气。目前最好的电解水系统的能量转化率只有80%，并不怎么高效。如果这一过程中消耗的电用在普通电动汽车上，效果可能更好。

　　甲烷转化要更划算，但却会造成污染。蒸汽需要加热到700~1000℃，然后与甲烷结合生成氢气和一氧化碳，以及少量的二氧化碳。得益于水力压裂法生产的大量天然气，美国有95%的氢气通过这种方法来制造。但是为了获得氢气所消耗的能量比直接使用电能更多，并且最近的研究显示，甲烷基础设施的泄露情况比原先想象的还糟糕（最高达7%），而作为温室气体，甲烷的温室效应是二氧化碳的86倍。

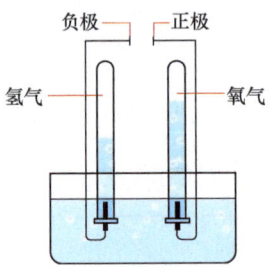

1）氢气的产生方式有几种？
_____
_____

2）通过上面的内容，电解水获得氢气的方法提供给燃料电池电动汽车是否合适？
_____
_____

3）根据上面的内容，如果要大力推广氢气燃料电池汽车需要解决哪些问题。

_____
_____
_____

4. 随身携带"氢弹"的汽车

（1）填空题。

无论是传统汽车还是新能源汽车，安全始终放在第一位。

燃料电池汽车安全吗？
经过各种检测，能确保和汽油车具有同等的安全性能。

1）先进技术确保安全。质子交换膜 PEMFC 电堆主要通过两个方面控制安全：一方面是_____

_____，从而避免事故的发生；另外一方面是_____，这是主要的安全隐患。丰田和奔驰公司对其燃料电池电动汽车的综合测试结果表明，即使在工作状态下对电堆进行穿刺短路，都不会引起电堆火灾和爆炸发生，这主要是因为电堆内部氢气的量并不大，而且氢气/空气可以迅速被切断。

针对电堆本身来说，氢气的泄漏点主要有两处，一处是在_____，另外一处是_____。当前的氢气传感器技术不论是在灵敏度还是可靠性方面都已经非常成熟，可以保证控制系统在极短时间内切断氢气气路，从而避免氢气在动力舱的积累。

2）储氢系统的安全性。PEMFC 系统最大的安全隐患在于_____。目前燃料电池电动汽车普遍采用的是_____瓶储氢，压力可以高达_____。氢气储存量取决于铝瓶的容积和数量，目前几大汽车公司的 FCEV 普遍装载_____的氢气，可以满足_____的续航里程。一般而言，氢气的爆炸体积范围在_____。

3）什么条件下可能引起爆炸？目前广泛使用的 70MPa 高压铝瓶，国际上已经有数千次的加压/减压测试记录，应该说在抗应力疲劳方面过关。为了避免外力损伤，国际几大汽车公司普遍选择将储氢罐放置在_____或者这个汽车上相对比较安全的部位。一般气罐旁边、驾驶室和动力舱都安装了_____，随时检测氢气浓度，储氢罐还安装了_____，以降低破损以后氢气的积累。一般而言，燃料电池电动汽车只有在遭受重大交通事故或者应力疲劳导致储氢瓶破损氢气泄漏的情况下，才有可能引发像爆炸这样的重大安全问题。

（2）阅读下图，简述什么情况下氢气会泄漏以及泄漏后可能引起的爆炸？

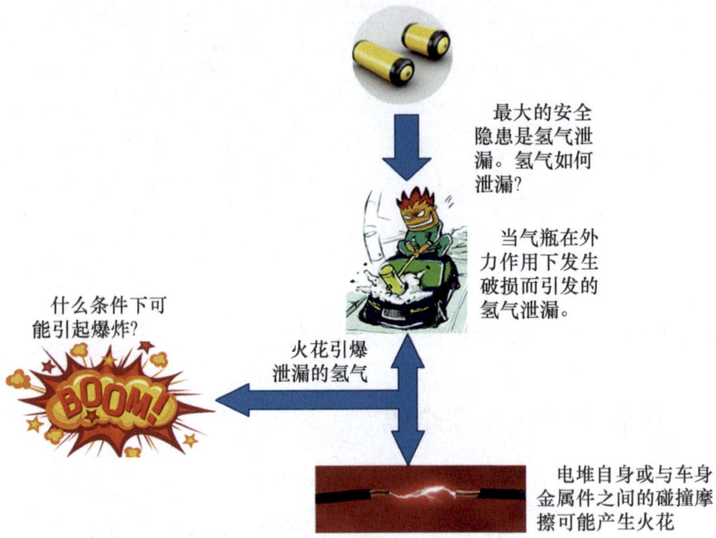

最大的安全隐患是氢气泄漏。氢气如何泄漏？

当气瓶在外力作用下发生破损而引发的氢气泄漏。

什么条件下可能引起爆炸？

火花引爆泄漏的氢气

电堆自身或与车身金属件之间的碰撞摩擦可能产生火花

_____
_____
_____
_____
_____

（3）判断题。

1）氢气燃料泄漏和着火条件下，氢气迅速燃烧汽车。　　　　　　　　　　　　　　　（　　）
2）汽油车在泄漏汽油并在着火条件下时，3s内汽油车下方漏油着火，容易燃烧汽车。（　　）
3）氢气泄漏积累到爆炸下限浓度要数十秒的时间，在氢气传感器的警报下乘客有一定的逃离时间。
　　　　　　　　　　　　　　　　　　　　　　　　　　　　　　　　　　　　　　（　　）

（4）阅读下面的内容，你认为在我国发展氢燃料电池电动汽车需要克服那些问题。

丰田常务董事佐藤康彦说，"在业界有这么个说法，没有能源站，就没法卖车。"普通的电动汽车充电站只需花数十万美元来建造，但建造一个氢气燃料站需要花费100万~200万美元，因为需要解决处理液态氢气的问题。高昂的造价和技术要求进一步阻止了氢燃料电池电动汽车的普及。

_____
_____
_____
_____
_____
_____

八、购买新能源汽车

1. 去哪购买新能源汽车

（1）填空题。

国家公布了新能源汽车推广应用城市名单，只有进入名单的城市才能推广新能源汽车，当地消费者才能在本地购买新能源汽车，并享受_____。根据各地新能源汽车推广应用方案申报情况，财政部、科技部、工业和信息化部、发展改革委员会分别于2013年11月、2014年1月发布了两批新能源汽车推广应用城市（群）名单，包括39个城市（群），共88个城市列入新能源汽车推广应用城市（群）。

现在的新能源汽车购买场所还是以_____为主，由于新能源汽车的产品较少，一般的4S店是燃油汽车与新能源汽车同时销售，如比亚迪4S店、江淮4S店。也有不少新能源汽车有单独的4S店进行销售，如北汽新能源汽车、腾势、特斯拉。

除了在4S店购买新能源汽车以外，还有一些_____，现场提供多品牌的新能源汽车供客户选购，其服务主要包括车辆的信息咨询、_____、_____及上牌等，但_____目前还未涉足，比如维护、维修等服务还是需要去厂家指定的电动汽车维修店去做，流程与传统车一样。

（2）阅读下面的内容，查询资料，简述一个品牌的纯电动汽车所采用的分销售渠道。

1）分销渠道模式。

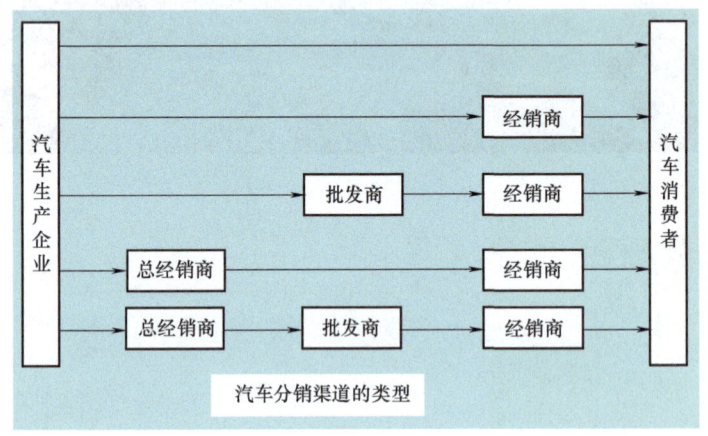

汽车分销渠道的类型

上图中的汽车分销渠道的类型有以下几种：

① 零层分销渠道模式：由汽车生产企业直接面对消费者的直售型，例如汽车生产厂商自己经营的销售实体店或者网络直营店。

② 一层分销渠道模式：汽车生产企业通过中间经销商把产品输送给消费者。

③ 两层分销渠道模式：汽车生产企业经由总经销商（或者批发商）转给分销商，然后由分销商把产品输送给消费者。

④ 三层分销渠道模式：汽车生产企业经由总经销商批发给批发商，再由批发商转给分销商，然后由分销商把产品输送给消费者。

2）分销渠道中的中间商。汽车分销渠道中的中间商是指居于汽车生产厂商与消费者之间，参与汽车交易业务，促使汽车交易实现的具有法人资格的经济组织和个人。

① 中间商的功能。中间商是分销渠道的主体，把汽车生产企业制造的汽车的所有权转移给消费者，具有平衡市场需求、集中和扩散汽车产品的功能。具体表现如下：

  a. 简化销售过程，提高销售效率。中间商帮助消费者购买汽车时简化交易过程，扩大交换范围，加速了产品流转，保证了汽车产品的市场稳定供应。

  b. 产品集中、平衡和扩散，均衡地按照消费者的需求组织产品。

  c. 为生产者带来经济效益，方便汽车生产厂商按照市场需求进行高效的产品生产。

  d. 为消费者提供购物方便。

  ② 总经销商（或总代理商）。总经销商是指受汽车生产企业的委托，从事汽车总经销业务，并拥有汽车所有权的中间商。其特点是：拥有产品的所有权和经营权，独立自主地开展产品购销活动，独立核算、自负盈亏；一般都有一定的营业场所和各种经营设施；有独立地购买产品的流动资金；承担产品的经营风险。

  总代理商同样是受汽车生产企业的委托，从事汽车总代理销售业务，但不拥有汽车所有权的中间商。其特点是：本身不发生独立的购销行为，对产品不具所有权；不承担市场风险；具有广泛的社会关系；信息灵通等。

  ③ 批发商（或地区分销商）。按其实现汽车批量转销的特征，可分为独立批发商、委托代理商和地区分销商。

  a. 独立批发商。指自己独立、批量购进汽车，再将其批发给出售的商业企业，它对其经营的汽车拥有所有权，以获取批发利润为目的。

  b. 委托代理商。委托代理商区别于独立批发商的主要特点：他们对于其经营的汽车没有所有权，只是替委托人（汽车生产企业或汽车总经销商）组织推销汽车，以取得佣金为目的，促进买卖的实现。

  c. 地区分销商。它是指在某一地区为生产企业（或总经销商）批发转销汽车的机构，是由汽车生产企业（或总经销商）为减少层层批发和跨地区销售等问题而设立的。

  ④ 经销商（或特许经销商）。汽车特许经销商是指由汽车总经销商（或汽车生产企业）作为特许授予人（简称特许人）按照汽车特许经营合同要求以及约束条件授予经营销售某种特定品牌汽车的汽车经销商（作为特许被授予人，简称受许人）。

  汽车特许经销商应具备如下条件：

  a. 独立的企业法人，能自负盈亏进行汽车营销活动。

  b. 有一定的汽车营销经验和良好的汽车营销业绩。

  c. 能拿出足够的资金来开设统一标识的特许经营店面，具备汽车市场营销所需的周转资金。

  d. 达到特许人所要求的特许经销商硬、软件标准。

  中国的特许经销商一般为 4S 店。

2. 购买后的汽车怎么安装充电桩

（1）填空题。

在购买一辆纯电动汽车时，很多人都担心充电问题。就目前而言，电动汽车的充电方式主要有两种：一种是使用_____，现阶段使用_____充电时，车主不得不面对充电等待时间长、寻找充电桩等问题。

另一种是_____，所以车主有个_____是最为理想的选择。

北京购买新能源汽车的充电桩安装步骤：

① 需要有固定的停车位。

② 购车的时候申请安装充电桩，按照要求提交申请表。

③ 跟小区物业沟通，确保小区物业会配合供应电力，物业同意确认，让物业在车位证明表和停车位安装充电设备申请表盖章，与安装充电桩申请表一起提交。

④ 申请通过后，安装充电桩的工作人员会在15个工作日内主动联系你，询问安装环境。

⑤ 工作人员上门，与物业配合，查看配电室，估算安装的距离，充电线一般_____m 内免费，超过_____m 每米单算钱。

⑥ 工作人员安装充电桩，安装完毕后有一根专用的充电线供新能源汽车充电。

1）北汽新能源汽车的充电桩安装指南

目前北汽提供了_____种充电方案。在公共充电桩和家用充电桩，使用_____来充电。在北汽4S店的充电桩充电，前_____免费，两年后是否收钱还待定。插座充电只适合在低楼层用户，自己只需要牵一根电线插盘。

2）比亚迪新能源汽车充电桩安装指南

有两种比亚迪充电桩可供用户选择，一种是_____，该充电桩使用的是220V电压，充电时间约为_____h，采用民用电价来计费，结算方式参照家庭用电；另一种是_____，该充电桩使用380V电压，大概_____h 就可以将电池充满。比亚迪可以免费提供_____，如果用户选择_____，自己需要花6000元来购买。

3）什么是充电桩？

充电桩是电动汽车充电装置，一端连接_____，一端连接_____，具有充电、计费和_____等功能。

按照充电方式分为_____、_____、_____等。

____ 充电桩

____ 充电桩

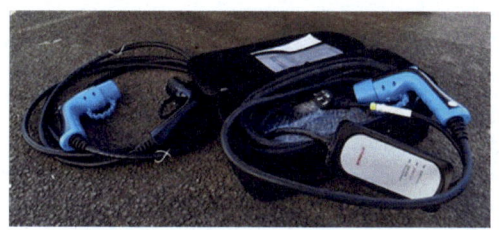

_____ 充电器

（2）判断题。

1）北汽新能源给用户免费安装的是快充充电桩。　　　　　　　　　　　　　　（　）
2）公用的充电桩有快充也有慢充。　　　　　　　　　　　　　　　　　　　　（　）
3）家用插座的充电器只要是家里的三角插座都可以使用。　　　　　　　　　　（　）
4）在北京必须是自己购买的车位才能安装充电桩。　　　　　　　　　　　　　（　）

（3）购买纯电动汽车时应考虑哪些指标。

_____
_____
_____
_____
_____

九、使用电动汽车

1. 没有变速杆的纯电动汽车怎么开

（1）填空题。

在驾驶传统的燃油汽车和纯电动汽车时，两者驾驶方法大部分都是一样，这也是为什么想要驾驶纯电动汽车也需要取得_____，才可以驾驶与准驾车型相符合的电动汽车上路。

起动以后的驾驶方式如加速、制动、转向等操作与传统燃油车一样。只是在行驶过程中，当我们放开加速踏板后，会有明显的_____，是因为_____转化为_____充电，又因为电动车本身的_____的因素，所以其减速感明显。

（2）判断题。

1）纯电动汽车放开加速踏板后，减速比传统燃油汽车快和明显。　　　　　　　　　　（　　）
2）纯电动汽车在行驶时可以随时换档。　　　　　　　　　　　　　　　　　　　　　（　　）
3）纯电动汽车发生故障，需要拖车时，不需要管档位和方向。　　　　　　　　　　　（　　）

（3）简述纯电动汽车的起动过程。

_____
_____
_____
_____
_____

2. 满血复活：快充和慢充

（1）填空题。

根据充电模式的不同，电动汽车上的充电接口主要有_____接口和_____接口两种。

目前，国际上充电接口标准还没有统一，下图为我国国标规定的充电接口。

九、使用电动汽车   083

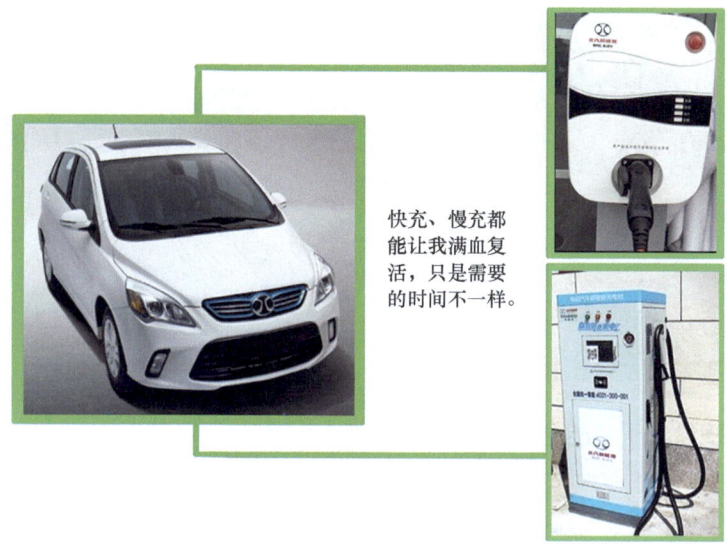

快充、慢充都能让我满血复活，只是需要的时间不一样。

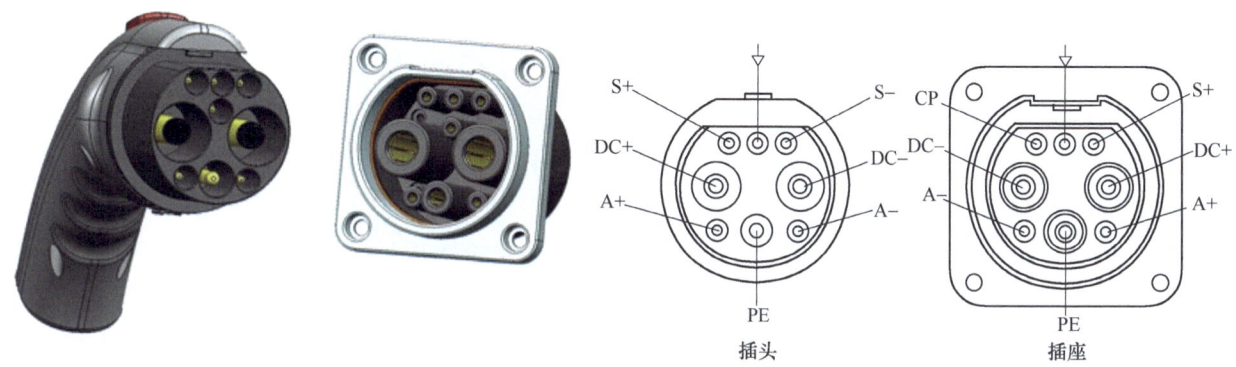

插头　　　　　　　　插座

直流充电接口端子功能定义

触点编号/功能	功能定义
1　直流电源正（DC+）	
2　直流电源负（DC-）	
3　保护接地（⏚或PE）	
4　充电通信CAN-H（S+）	
5　充电通信CAN-L（S-）	
6　充电通信CAN屏蔽	
7　低压辅助电源正（A+）	
8　低压辅助电源负（A-）	

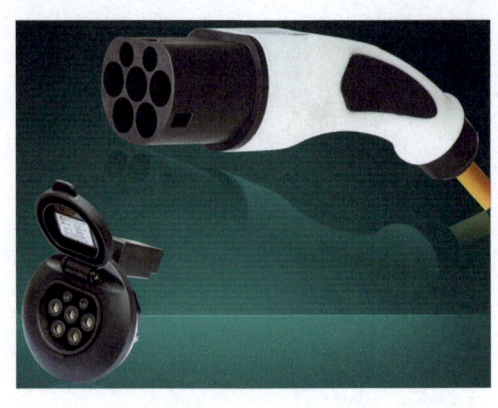
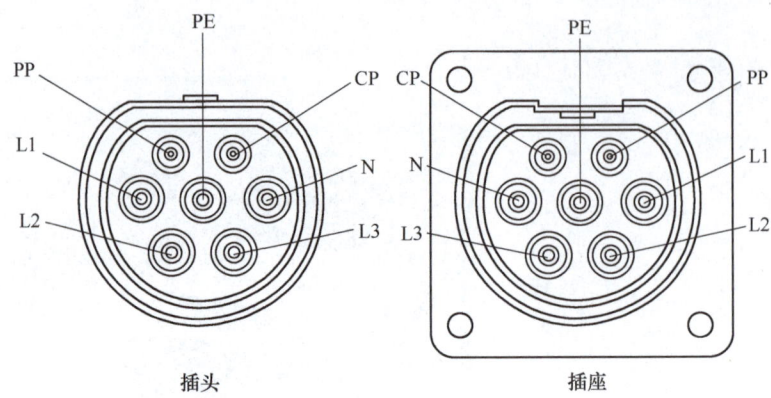

插头　　　　　　　　　　插座

普通（交流）充电接口端子功能定义

触点编号/功能	功能定义	触点编号/功能	功能定义
1　交流电源（L1）		5　保护接地（PE）	
2　交流电源（L2）		6　控制确认1（CP）	
3　交流电源（L3）		7　控制确认2（PP）	
4　中线（N）			

（2）判断题。

1）快充的电流比慢充的电流大。　　　　　　　　　　　　　　　　　　　　　　（　）

2）快充的电压是直流电压。　　　　　　　　　　　　　　　　　　　　　　　　（　）

3）经常使用快充对电池寿命影响大。　　　　　　　　　　　　　　　　　　　　（　）

4）慢充的电压是交流电压。　　　　　　　　　　　　　　　　　　　　　　　　（　）

（3）阅读下面的内容，简述快充与慢充的区别。

直流电动汽车充电机，俗称就是"快充"，它是固定安装在电动汽车外，与交流电网连接，可以为非车载电动汽车动力电池提供直流电源的供电装置。直流充电桩的输入电压采用三相四线 AC 380V±15%，频率50Hz，输出为可调直流电，直接为电动汽车的动力电池充电。由于直流充电桩采用三相四线制供电，可以提供足够的功率，输出的电压和电流调整范围大，可以实现快充的要求。

交流电动汽车充电桩，俗称就是"慢充"，固定安装在电动汽车外、与交流电网连接，是为电动汽车车载充电机（即固定安装在电动汽车上的充电机）提供交流电源的供电装置。交流充电桩只提供电力输出，没有充电功能，需连接车载充电机为电动汽车充电。相当于只是起了一个控制电源的作用。

(4) 如何寻找公共充电桩?

___
___
___
___

3. 智能化的中控信息娱乐系统

(1) 填空题。

中控显示屏的发展趋势。

一是_____,会达到10in⊖及以上,且更加高清(1080p),同时OLED机电激光显示、触感屏、曲屏等新的屏会陆续出现在汽车上。自主品牌中的电动汽车如北汽EV200、江淮iev5、众泰云100、知豆D2等车型的中控屏均有加大趋势。众泰汽车于2015年推出的E30车型中控屏已接近于特斯拉的中控屏。

二是_____,主要指内在主机合一的功能,如仪表盘、中控屏的合一。

三是除显示方面的优化外,_____,比如会实现实时在线。

四是_____等新显示技术将得到应用。

现在的电动汽车中控显示屏集合了娱乐、社交、信息、导航等实用功能,在提高驾驶乐趣的同时也提供便利性,其实也间接地提高了安全性。

(2) 阅读下面的内容回答问题。

芯片解决方案厂商Atmel展示了Avant Car智能汽车中控台概念设计,没有任何物理按键,只有一个凸面屏幕,且屏幕尺寸相比特斯拉更大,最高支持12in。

Avant Car的屏幕触摸界面被设置为两个功能区:上方界面在车内的位置就是目前大多数汽车的中控区域,屏幕画面主要用来显示地图、导航及与位置相关的服务信息;下方界面主要是娱乐和遥控功能,有收音机或媒体播放的功能控制,可一键开启空调及座椅位置调节等。这些功能用户可根据需求进行定制。

Avant Car的屏幕为曲面。事实上,Avant Car的屏幕边缘与整个中控台融为一体,中间没有任何接缝,

___

⊖ 1in = 25.4mm

屏幕亮光熄灭时，中控台随即"消失"。按照 Atmel 亚太区汽车电子总监吴彦翔的说法，用户不是随时都需要使用车载屏幕，它应该像呼吸灯一样，在需要的时候亮起就可以了。

另外，Atmel 在屏幕上使用的柔性触摸传感器 XSense 技术，采用金属网格设计，具备防潮特性，并支持寒冷天气中的手套触控操作。

不仅如此，Avant Car 还具备近距感测功能。据介绍，近距感测功能可以感测到正在接近的人手，然后实施遥控，例如开关触摸屏背景灯。该功能较适合夜间驾驶，如查看 GPS、广播控制键和空调等。

1）通过上面的介绍，中控屏有哪些新的技术得到了应用？

_____

_____

_____

2）上面的内容中，智能中控屏能够为驾驶人带来哪些便利？

_____

_____

_____

4. 电动汽车的日常维护及售后服务

（1）填空题。

纯电动汽车的电池组与电机代替了普通汽车的发动机来驱动汽车行驶。缺少了发动机，不需要_____、_____等，减少了很多维护程序。

但是为保证其良好的行驶状态，确保其能长期可靠的运行，正确的维护对于安全驾驶和减少车辆的维修成本仍然必不可少。通常情况下，维护项目分别为_____、_____、_____、_____、车身部分检查、_____检查、_____检查、转向系统检查和附加项目等 9 个大项目，共计近 50 项小项。

电动汽车主要的部件为_____、_____和_____，大多数厂商都对这些部件提供_____质保。如北汽新能源汽车承诺整车 3 年或 6 万 km，核心部件 6 年或 15 万 km 维护保养全免费，为消费者节省了保养开支。

北汽新能源提供整车 3 年或 6 万 km，核心部件 6 年或 15 万 km 的超长质保，并且在打造一个涵盖 100 家服务站、服务半径不超 20km 的服务保障体系。同时承诺 5 年或 10 万 km 内的_____全免费，维修保养工期超过 48h 还提供_____接送。为营运车辆提供 1 年或 10 万 km 整车质量担保。

（2）判断题。

电动汽车与燃油汽车维护项目对比

序号	项　　目	传统燃油汽车	纯电动汽车
1	发动机机油	√	×
2	机油滤清器	√	×
3	空气滤清器	√	×
4	空调滤清器	√	√
5	汽油滤清器	√	×

(续)

序号	项 目	传统燃油汽车	纯电动汽车
6	制动液	√	√
7	变速器油	√	√
8	火花塞	√	×
9	发动机冷却液	√	×
10	电池组健康、驱动电机和控制器的状态检测	×	√
11	电气系统绝缘情况检查	×	√

1）根据上面的图表，纯电动汽车的维护需要重视电气的检查。（   ）

2）根据上面的图表，纯电动汽车的维护项目比传统的燃油汽车少，主要原因是少了发动机。（   ）

3）根据上面的图表，纯电动汽车与传统燃油汽车一样需要维护空调系统。（   ）

十、电动汽车车联网和手机控制

1. 无处不在的车联网

（1）填空题。

车联网（IOV：Internet of Vehicle）是指_____，实现_____。它可以通过车与车、车与人、车与路互联互通实现信息共享，收集车辆、道路和环境的信息，并在信息网络平台上对多源采集的信息进行加工、计算、共享和安全发布，根据不同的功能需求对车辆进行有效的_____与_____，以及提供专业的多媒体与移动互联网应用服务。

车联网系统通过_____。

车联网系统包括_____、_____和_____三大部分，根据不同行业对车辆的不同功能需求实现对车辆有效监控管理。

车辆的运行往往涉及多项开关量、传感器模拟量、CAN 信号数据等等，驾驶人在操作车辆运行过程中，产生的车辆数据不断通过数据终端采集并发送到后台数据库，形成海量数据，由云计算平台实现对海量数据的"过滤清洗"，数据分析平台对数据进行报表式处理，供管理人员查看，提供实时的支持。

（2）判断题。

1）车联网能够实时监控汽车的位置。（   ）
2）车联网能够帮助驾驶人找到最近的医院。（   ）
3）车联网能够实现远程控制汽车的行驶。（   ）
4）当车出现故障时，车联网能及时地提供支持，帮助解决问题。（   ）

2. 数据采集终端是什么

数据采集终端是记录电动汽车各系统工作状态的设备，同时能够与监控和服务平台进行通信。一般的数据终端具备以下功能：

1）车载终端能够与整车控制器通过 CAN 总线进行通信，服从整车控制器的控制命令，获取_____。车载终端采用"行程长度编码"压缩机制，对 CAN 数据进行数据压缩，以减少存储空间的占用，同时节约网络带宽资源与流量，加快数据传输速度。

2）车载终端能够用_____对车辆进行定位。

3）车载终端能够将_____（最大 8G）存储到_____（SD 卡）中。经存储的数据可由分析处理软件读取和分析。

4）车载终端能够将信息按照规定的时间和数据量，以_____的方式发送到服务平台。在此信息传输的过程中，要保证信息的正确性，并且不能将信息丢失。在信息传输的过程中，还需要做到信息的保密，使无线通信的信息不能被他人窃取。

5）黑匣子：车载终端将在本地保存车辆最近_____，作为"黑匣子"提供车辆故障或事故发生前的数据信息。

6）盲区补传：车载终端支持在通信网络不畅情况下，自动将数据保存至采集终端 flash 存储区内，待网络正常后，自动/人工将数据上传至服务平台。

7）自检功能：当检测到 GPS 模块、主电源等故障会主动上报警情到_____，辅助设备进行检修。

8）远程升级：支持远程自动升级功能，自动接收来自_____的升级指令完成软件升级，大大节省了维护成本。必要情况下，借助本车载终端可对车辆通过 CAN 协议进行软件升级。

3. 数据采集终端有什么

（1）填空题。

车载数据终端主要由_____和_____组成。

（2）用线连接对应 EV200 的设备名称和图片。

天线

数据记录仪

数据记录仪内供存储数据的 SD 卡

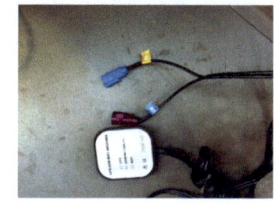

（3）完成数据记录仪指示灯说明的表格。

LED	颜色	状态	说明
RUN	红色	闪烁，1Hz	
		其他	终端运行故障
GPRS	绿色		GPRS 已登录
			GPRS 未登录
GPS	绿色		GPS 已定位
			GPS 未定位
CAN1	绿色		CAN1 接收到数据
			CAN1 未接收到数据
CAN2	绿色		CAN2 接收到数据
			CAN2 未接收到数据
SD	绿色	亮	
		闪烁，1Hz	
		闪烁，2Hz	插入的 SD 卡未格式化或容量已满
		灭	

4. 手机就能控制汽车

（1）填空题。

车主通过手机下载相关汽车的_____，与相关的云服务控制平台进行联系，_____或_____汽车的相关设备。如北汽 EV200 采用的车联网控制系统，通过手机客户端可以实现_____、_____查询与提示、远程控制（_____、_____）、车辆体检、车辆位置服务等功能。

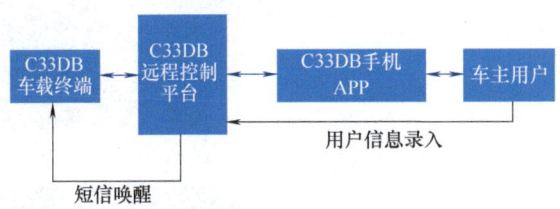

车主可以远程控制空调即时打开，可以选择空调类型和开启时长。

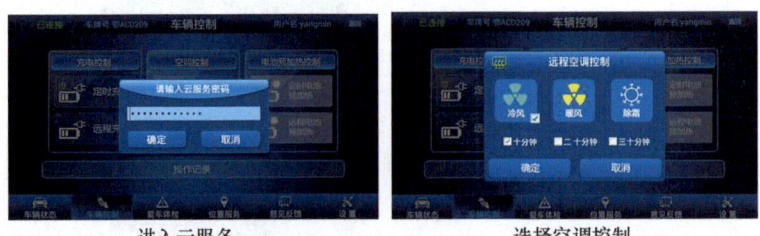

进入云服务　　　　　选择空调控制

十、电动汽车车联网和手机控制　　091

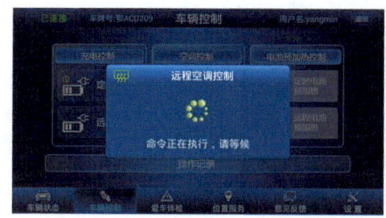
等待命令执行

空调打开

　　车主可以对自己的车辆进行_____，系统会根据制订的打分策略，按照目前已发生但还未结束的故障进行分数的计算，同时不同级别的分数以不同_____显示。

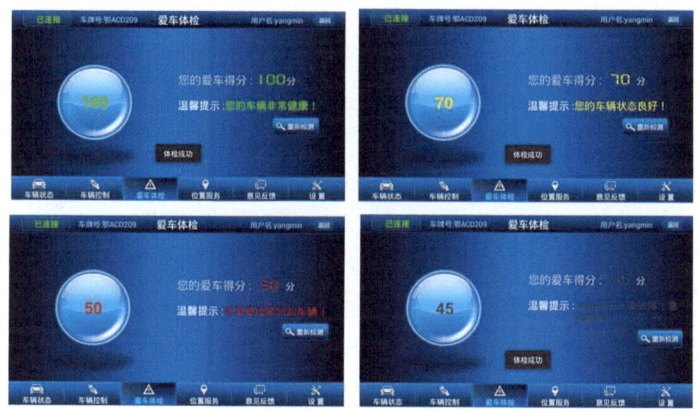

　　还可以在手机客户端中查询_____及_____距离，以便于寻找车辆。

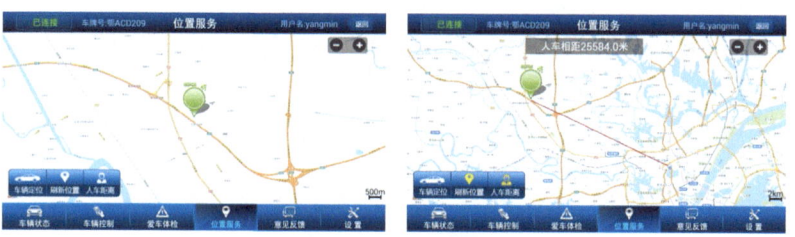

　　随着科技的发展，通过手机客户端控制汽车已经做得相当完善，除了北汽 EV200 上的监控功能外，还可以实现起动、_____、开关车门、_____和_____，并能监控车内温度、湿度、空气质量，并具有安全防盗功能。

（2）简述 EV200 远程关闭空调的步骤。

_____

_____

_____

十一、能看到的未来智能化新能源汽车

1. 180°旋转的电动轮

（1）填空题。

车轮的自由旋转，在电动车上很有可能实现。采用_____与_____的结合，直接驱动_____行驶，动力控制由硬连接改为软连接，通过_____对每一个_____进行单独控制。同时便于实现性能更加、成本更低的牵引力控制系统（TSC）、防抱死制动系统（ABS）及动力学控制系统（VDC），容易实现汽车底盘系统的电子化和主动化，极大地改善车辆的驱动性能和行驶性能。

车轮与电机结合的电动车轮叫作_____。采用线控技术可以实现各个电动轮从零到最大速度的_____和各电动轮之间的_____要求，可以省略传统汽车上的_____、_____、传动轴和差速器等，使驱动系统和整车结构大大简化，增大有效利用空间，降低整车质量，提高传动效率。

（2）写出下面数字表示的电动车轮的组成部件的名称。

1—_____ 2—_____ 3—_____ 4—_____ 5—_____ 6—_____

（3）简述轮毂电机和轮边电机的区别。

_____
_____
_____
_____

2. 无线充电——边跑边充

（1）填空题。

电动汽车在充电的过程中需要调整好充电汽车的位置，并且还要受到_____的长短制约，在雨雪天充电时，有安全隐患。为了解决这个问题，应该说在不久的将来无线充电方式将在汽车上使用。

无线充电系统由_____、_____和_____组成。

无线充电的原理：_____
_____。按照实现方式分类：_____、_____以及_____。

按照充电的动静态方式分类：_____和_____。_____技术已经很成熟，在欧美国家已经开始投入使用。

未来的电动汽车将可以实现随时充电，_____。不需要特意去寻找充电线和充电位置。车辆在地下建有无线充电设施的道路上行驶，通过车和路之间的电量信息及电能传递的交换，补充汽车消耗的电能。

（2）判断题。

1）磁共振充电方式是使用两个互感线圈进行无线充电。当输入端线圈中的电流发生变化时，输出端线

圈的磁场即会随之发生改变,从而产生感应电流,将能量从输入端转换到输出端。（　　）

2）电磁感应充电方式是通过接收无线电波进行无线充电,原理与收音机类似。不过这种方式的传输功率非常小,最高仅为0.1W,且功效很低,大部分的能量会以无线电波的形式被浪费掉。（　　）

3）无线电波充电方式是通过电磁共振的方式进行无线充电,原理与声波共振类似,只要两个介质具有相同的共振频率,就能够传递能量。（　　）

4）无线电波充电方式能量转换率高,传输距离上有优势,最远距离为10m。（　　）

5）磁共振充电方式充电距离在电磁感应式与无线电波式之间,优点是传输功率较大,能够达到几千瓦,可以同时对多个设备进行充电。（　　）

6）以电磁感应方式进行无线充电要求两个设备的距离必须很近,并且只能一对一进行充电,充电时必须对准线圈。（　　）

3. 无人驾驶不是事儿

（1）填空题。

无人驾驶汽车是一种智能汽车,也可以称之为轮式移动机器人,主要依靠车内_____来实现无人驾驶。电动汽车因为其本身电气化、智能化的特点,无人驾驶的技术发展也是水到渠成。

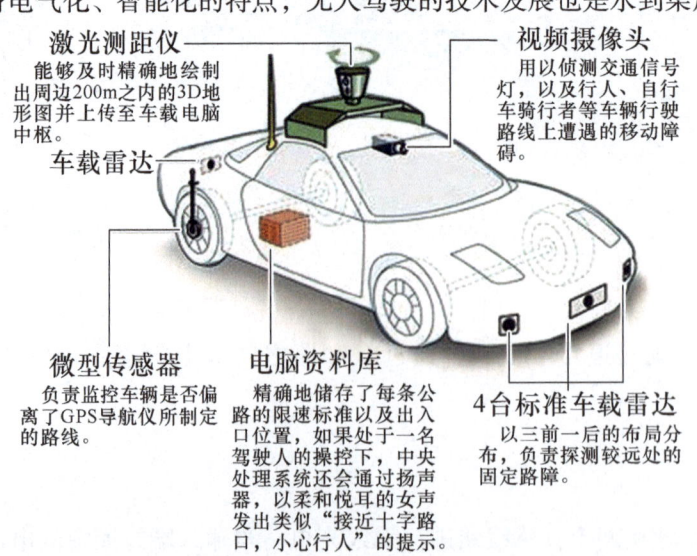

无人驾驶的工作原理：_____
_____
_____
_____
_____。

（2）判断题。

1）无人驾驶完全把驾驶人解放了，方便车主在车内进行办公。　　　　（　）

2）无人驾驶不需要掌握交通法规。　　　　　　　　　　　　　　　　（　）

3）无人驾驶汽车可以让驾驶人在车上休息。　　　　　　　　　　　　（　）

4）无人驾驶汽车能够自动识别路上的障碍进行驾驶操作。　　　　　　（　）

（3）描述你理想的未来汽车世界是怎样的。

参 考 文 献

[1] 王文伟,张丽莉. 电动汽车跑起来 [M]. 北京:机械工业出版社,2015.
[2] 李伟. 新能源汽车构造原理与故障检修 [M]. 北京:化学工业出版社,2015.
[3] 付铁军. 新能源汽车 [M]. 北京:机械工业出版社,2014.
[4] 曹振华. 混合动力汽车原理与维修技术 [M]. 北京:电子工业出版社,2014.